LA COLADA

DIARIO ESPIRITUAL DE UNA AMA DE CASA

EC

EDITORIAL CÁNTICO
COLECCIÓN EL ÁRBOL DEL SILENCIO

cantico.es
/editorialcantico
@edcantico

ISBN: 978-84-18639-52-4
Depósito legal: CO 1081-2021

FSC
www.fsc.org
FSC® A000531

Este libro ha sido producido con papel que proviene de bosques gestionados de manera responsable desde el punto de vista social, medioambiental y económico.

CRUZ MAÑAS PEÑALVER

LA COLADA

DIARIO ESPIRITUAL DE UNA AMA DE CASA

EDITORIAL CÁNTICO
COLECCIÓN EL ÁRBOL DEL SILENCIO

SOBRE LA AUTORA

Nací en mayo del 68 en Córdoba.

Siempre me han interesado los secretos del corazón humano. Por eso me hice psicóloga y escribo poemas. Trabajo como psicoterapeuta de orientación junguiana y facilitadora de I Ching.

He escrito algunos libros de poesía como *Noveno Planeta* (Cuadernos de Ulía, 1994), *Mar de Fondo* (Premio Nacional de Poesía Mario López, 1998), *La Casa de Humo* (Andrómina, 2006) y *El Mar y la Cruz* (Diputación Provincial de Córdoba, 2012). También soy autora de un libro de psicología junto a un amigo –lama Ngawang Wangjor– que se llama *Simplicidad Consciente* (Odeon, 2020). He publicado un libro mixto que combina pensamientos, poemas y vivencias a modo de "diario de terapia" publicado en 2020 bajo el título *Todo lo sabe la tierra* (Cántico, 2020). La continuación de esos diarios es lo que se presenta en este nuevo libro.

Poco más que decir de mí, creo que ya es mucho. Estas páginas me cuentan mejor.

Hay un libro popular *Después del éxtasis, la colada*... Pero ¿quién ha estado haciendo la colada durante todos esos años?

El éxtasis siempre está con nosotros, y no hay un antes o un después para la llegada de la divina presencia.

HILARY HART, *BODY OF WISDOM*

PALABRAS DE LA AUTORA

Lanjarón, septiembre de 2020

Hace años gané un modesto premio nacional de poesía. En la ceremonia de entrega un periodista local se acercó a preguntarme "¿sabe ya qué hará con el dinero?". A pesar de su mal gusto le respondí con sinceridad: "lo primero será comprarme una lavadora-secadora".

Tendríais que haber visto, queridos lector y lectora, su rostro desconcertado, de ahí que me sintiera en la obligación de explicarle tal meditada decisión. Por entonces vivía en un primer piso interior. La ropa tendida tardaba días en secarse. Además, la lavadora era una máquina de carga superior en la que apenas cabía la colada de una pequeña familia como la nuestra... A pesar de haberle compartido esta ristra de intimidades mi acompañante no parecía reparado, porque ¿qué hacía una mujer con una conversación tan cándida recibiendo un premio de poesía? parecía decir casi sin atreverse a mirarme, ¿cómo podía un ama de casa insustancial, y a todas luces socialmente desubicada, merecer tal reconocimiento?.

Aquel día me sentí desplazada de mi propia ceremonia, también culpable por ser madre y poeta a pesar de tener la certeza de que mis versos eran verdaderos, que provenían de mi cuerpo, que cada uno de ellos era un grito de anhelo a Dios, el Amado. Y mantener viva esa devoción por Él, ya fuera a través de mis poemas o de mis tareas de ama de casa, eran actos coherentes, sin falla alguna ¿o es que para mantener una relación con Dios tenía una que salirse del mundo?, en tal caso, si una se quedaba afuera, ¿cómo podría hacerlo?. No tenía sentido. Santa Teresa de Jesús lo vio claro cuando decía aquello de que "entre pucheros y ollas también anda Dios". Sin embargo, aun sabiendo lo que sabía, me refiero a que parte del misterio de la poesía está en ser una expresión del altísimo en lo bajísimo, me quedé rota frente a ese desconocido.

En serio: la experiencia cotidiana está llena de rincones para escuchar y hablar con Dios, porque toda la vida es su palabra. Ese era y sigue siendo dentro de todos nosotros un conocimiento antiguo, impersonal, a la vez que íntimo e infalible, que entonces no supe explicar ni tal vez quise compartir con un extraño... Y ya que "Dios es El que es" el libro que tienes entre tus manos representa, de algún modo, mi defensa de lo que pasó aquel día a la manera de un "diario de iluminación" que va de los años 2010 a 2020. Una década de mi vida en la que un gran maestro sufí me instruyó en la alquimia de traer a la vida la luz que habita en nuestros paisajes interiores más ensombrecidos.

La tarea principal durante el tiempo que duró mi adiestramiento con él consistió en reconectar la llama de un femenino sagrado, largamente denostado dentro de mí, con la luz del ánima mundi a la que pertenece nuestro cuerpo. Solo fue posible venciendo al carcelero que la ocultaba en los sótanos de su alcazaba: un aspecto masculino de mi psique, erigido inapropiadamente como amo y señor de mi vida. De ahí que una vez liberada, un penoso trabajo de restitución fuera necesario. La clave estuvo en dar la bienvenida y confiar en un nuevo masculino digno del lugar al que pertenecía: uno de cuidado y protección de lo femenino. Con su ayuda, la mujer interior podría dedicarse a cuidar la vida y al hacerlo, nutrir a la tierra, a la madre. Hablo de un viaje hacia la Realidad que nos espera a cada uno de nosotros, hombres y mujeres, si así lo elegimos (ya sea que lo hagamos de forma más o menos consciente).

Esta es la historia que cuenta *La Colada*. Una en la que los sueños, las experiencias lúcidas dentro de ellos, la intuición, la sincronicidad, la meditación, la poesía, la vida cotidiana y la cura, se entremezclan componiendo un relato en el que no hay límites claros entre las distintas dimensiones de la consciencia que representa cada una de estas experiencias, permeando sus páginas el aroma de la multidimensionalidad de nuestra existencia. Como en la vida misma, en esta historia hay cuatro o cinco eventos nucleares en torno a los que giran grávidos el resto, todos ellos necesarios para culminar su integración y poderlos llevar a nuestro día a día, que a fin de cuentas es de lo que se trata.

¡Que sea a bien la aventura!

PRÓLOGO

El sueño es un regalo de la divinidad. Pero no del Dios distante que habita en los cielos inmaculados de la metafísica, sino de una Madre sucia de caca y de papilla, que nos nutre y abraza desde las profundidades de la psique. A Jung se le reprochó el haber reducido a Dios a ser una potencia psíquica. Cruz Mañas podría sonreír ante tamaña acusación. Ella sabe que el sueño proviene de la Fuente, y dice la Verdad. Esta no es una verdad matemática. No es teórica sino fáctica. Se accede a ella al sumergirse en la existencia, y no mediante el raciocinio. Es un ser salvaje y luminoso. Es también cruel y benéfico. No hace miramientos ni tiene compasión con tus debilidades: te desarma y te muestra como eres, haciendo caer los velos tras los que te cubrías. Pero esa crueldad es beneficiosa: la caída de los velos, aún siendo dolorosa, es vivida como una liberación: te quita un peso que habías acarreado, sin darte cuenta, como algo propio. Destruye aquello a lo que te aferrabas para protegerte, precisamente, de ella. La verdad te ama y por eso te destruye.

El sueño es sin duda una de las vías privilegiadas de acceso a esta verdad interior, siempre personal e irreductible. Nos ofrece la imagen dinámica del estado de nuestra alma, con todos los espejos activos y orientados hacia la vida cotidiana, como espacio en el que convergen las distintas dimensiones de nuestra existencia, muchas veces en conflicto. Pero el sueño, por sí mismo, no puede sanarnos. Lo que abre las puertas de la sanación es la posibilidad de recibir sus mensajes dentro de una tradición que nos ofrezca las claves para comprenderlos, sin subterfugios ni autoengaños. Una tradición que implique una práctica de meditación y un trabajo interior constante, centrados en la consecución de objetivos claramente definidos. Y, sobre todo, de un maestro capaz de guiarnos en este laberinto. Aunque solo cada cual puede hacer su colada.

Con estos materiales, Cruz Mañas ha tejido una obra profunda pero sin dobleces, que nos habla desde la transparencia, con un lenguaje preciso y sinuoso. Una obra de madurez, escrita por alguien que ha pasado ya por las etapas iniciáticas del desmembramiento y la reunificación[1], para enfrentarse ahora al trabajo más sutil de pulir su ego y armonizar las potencias del alma, apuntando a la unificación final con el Amado. Madurez, en primer lugar, intelectual: la autora parte de un conocimiento sólido sobre el alma humana, gracias principalmente a las herramientas relacionadas con su formación y su trabajo como te-

1 De dichas etapas da cuenta su libro anterior Todo lo sabe la tierra (Cántico 2020)

rapeuta. Esto le permite discernir entre los diversos planos: realidades psíquica, física, imaginal y espiritual que convergen en el mismo ser, pero que despliegan sus alas a menudo en direcciones opuestas, produciendo confusión y sufrimiento. Cruz discierne entre estos planos, reconociendo tanto su autonomía como sus relaciones, a menudo misteriosas.

En el plano físico se sitúan los sucesos cotidianos, los roces, las fatigas. Todo adquiere un valor simbólico que repercute en el resto de los planos. Así, las dolencias del riñón son el reflejo de la purificación del alma de la suciedad que se le ha adherido desde el plano psíquico: conflicto familiar, complejos infantiles, patrones enquistados, fracasos, violencias, frustraciones... Las relaciones con el padre y con la madre, los sueños recurrentes que la devuelven a la casa de la infancia, la presencia de la abuela, la preocupación por el hijo y por la hija, las figuras del hombre violento y del sabio compañero... ¿Se trata en todos los casos de la reminiscencia de sucesos vividos en el plano físico? ¿O más bien estos son transmutados en el sueño, de forma que adquieren una dimensión simbólica que nos remite a realidades espirituales objetivas?

En el plano fáctico se enraízan también un tipo de vivencias que contribuyen a la sanación: la creación de espacios propicios a la meditación, proyectos de servicio a los demás, la sexualidad sagrada y el cuidado. La senda sufí por la que

Cruz transita tiene clara la necesidad de arraigar en la tierra y conectar con la naturaleza. Pero la armonía entre espíritu y materia se ve sacudida por las turbulencias psíquicas. De ahí la necesidad de limpiarse, de sanar heridas, de reconciliarse con todo aquello que hemos vivido o heredado, y que a menudo constituye un fardo. Entrada al laberinto que no tiene otra salida que su disolución: la muerte del ego inferior.

Y en esto el libro destaca por su clarividencia, al hilo de una sinceridad que abruma, pues no acepta excusas ni otro resultado que la verdad desnuda. La imaginación creadora, gracias a una vivencia onírica de una riqueza inusitada, ofrece la materia prima sobre la que trabajar. Este trabajo se apoya en la claridad de un pensamiento no cerrado en sí mismo, posibilitador de una experiencia que lo rebasa y que lo nutre. Y la figura del maestro: un ser humano real como vínculo con una sabiduría tradicional que nos conecta a lo divino. También para esto último Cruz está bien pertrechada: su condición de terapeuta (y su conciencia de los mecanismos de la proyección que ha de producirse en el Maestro, como arquetipo de su Yo superior) facilita la aceptación humilde de lo que esta situación de "dependencia espiritual" implica.

Las sincronicidades marcan el camino. Este no avanza en línea recta: es un camino holístico que va puliendo en la medida en que integra, e integrando en la medida en que se vacía, para hacer de sí misma un recipiente de la misericordia creadora. El proceso de individuación apunta a la liberación y plena asunción de lo femenino, estructuralmente atrapado por la razón patriarcal y por sus trampas. Estas son representadas aquí por el severo profesor (el masculino hipercrítico) y por el hombre violento que acecha en la penumbra (el maltratador). Una doble herida difícil de sanar, pero también un poderoso motor de transformación, pues hace inviable la trampa de la huida. No queda otra que enfrentarse. Combate circular que debe liberar otras energías más poderosas, si se resuelve en el amor.

Esta tarea está ligada a la conciencia de la terrible situación por la que pasa el planeta, y la humanidad como verdugo y como víctima de su propia farsa. Se trata entonces de alumbrar el porvenir, de realizar en una misma la sanación que requiere nuestro mundo enfermo. Trabajo espiritual y servicio a los demás son inseparables.

El mundo deviene un espacio abierto a las teofanías, en el cual todo es signo de la divinidad y cada detalle puede tener un significado especial para su receptor. Esta conciencia de nuestra pertenencia a un orden superior no es un fin sino un estadio propicio a la revelación. Recibir y atesorar la semilla del amor infinito. Cada partícula de la creación es un niño divino. Todo es mágico. A la meditación acuden las visiones: mensajeras del alma de la Tierra, portadores de una energía renovada y capaz de transformar el mundo en que vivimos. Somos entonces co-partícipes de la creación: cómplices de Dios en la tarea incesante de dar forma a la luz y cuerpo a lo invisible.

Hacer de una misma un contenedor: pulirse como se pule una vasija, para que en ella se pueda verter el vino puro con el cual embriagarse de Dios y enloquecer. Locura del abismo y cordura del encuentro. Locura del amor que arrasa con todo y todo lo contiene. El resultado es una mística profundamente femenina, sustentada en un intelecto sano (no opresor) y en la apertura del corazón a una realidad que viene a desbordarlo y lo disuelve en la matriz del fuego. Todo esto nos remite a la tensión entre lo femenino y lo masculino como otro de los ejes alrededor de los que gira el libro. No basta con reivindicar lo femenino, la maternidad, el cuidado... El feminismo, convertido en una ideología de combate, no puede propiciar ni la integración ni la armonía. Paradójicamente a veces redunda en la supremacía de un ego dominante, incapaz de liberar las energías femeninas reprimidas por el patriarcado. Por eso Cruz nos habla de otra forma de empoderamiento, más relacionado con las grandes tradiciones de sabiduría que con los ideales ilustrados.

La autora menciona en varias ocasiones la conexión entre Sufismo y Taoísmo. Ambos sitúan el ideal del ser humano en la simplicidad del recién nacido: no interrumpir el curso natural de las cosas y vivir en armonía con el uno. Las dos manos de la divinidad: el Yin y el Yang, la Majestad y la

Belleza, el Cálamo y la Tabla. Todo ha sido creado por pares, los cuales se relacionan de forma dinámica entre ellos. Y la divinidad ha establecido la Balanza cósmica donde todo se equilibra para fructificar de nuevo. Pues nuestros auténticos padres son el Cielo y la Tierra. Y aunque nuestro psiquismo perturbe su armonía, su matrimonio no deja de dar frutos en silencio. Por mucho que el ruido de nuestros deseos e ilusiones nos vele lo real, la Realidad no puede abandonarnos. El amor no es algo a lo que debamos aspirar, sino la sustancia misma de la vida. Somos amor cosificado que vuelve a fluir al renacer. Ríos dorados surcan nuestras venas. Los versos más hermosos brotan al hilo del encuentro. Son lágrimas de felicidad o águilas reales. Igual que cada una de las páginas de este libro extraordinario, son frutos del trabajo realizado.

AÑO 2010

SEPTIEMBRE

3 DE SEPTIEMBRE

Aventura.

Tres de septiembre.
Cogidos de la mano,
vamos al funeral celeste
de los descoyuntados,
de los amantes rotos,
tronchados, abatidos.

Los dos omóplatos
ya sienten su despiece,
el desmantelamiento
carbonatado de este puño
arraigado en el cuerpo
desde siempre, anudado.

Todos somos así.
Vamos de aquí a allá
con todos estos huesos
huyendo hacia muy dentro.
Implosionando
en una soledad sin bordes,
elemental, enorme,
que mansa se rebosa
por el filo del cáliz

21 DE SEPTIEMBRE

Voy a la peluquería, quiero cortarme el pelo, saneármelo. Cuando me toca la vez alguien comenta que doña Josefa está de vuelta en su casa –en su segunda casa, en la que murió–. Pensaba que había muerto hará unos meses y saber que aún vive me hace feliz, así que me voy a visitarla (doña Josefa era una vecina anciana y sabia a la que me gustaba escuchar de chica por su inteligencia y afabilidad. Había sido maestra y tenía la capacidad de hacerte sentir como su alumna privilegiada). Yendo de camino a su casa le preparo un regalo compuesto por un cartón de huevos de colores. Entre ellos destacan cuatro azules –azul océano, muy hermosos–. Cuando llego se alegra de verme. Le hablo sobre mi hija, le cuento que se llama Sofía.

Recuerdo... Hace bastantes años también soné con ella. Dejábamos nuestra conversación a medias. Amablemente, me decía que la continuaríamos más adelante, tal como lo hemos hecho esta noche.

* * *

El cambio de imagen que pretendo hacerme en la peluquería representa mi propia evolución, ese punto de la vida en el que una debe deshacerse del todo de lo que ha ido dejando atrás y prepararse, más ligera, para lo nuevo que está por llegar. Soñar con huevos es un símbolo pre-cristiano del renacer. En este caso tiene que ver con crear un espacio vacío para la llegada del Sí mismo –que es un trocito de Él, del Amado, aquí en la tierra–, porque el azul océano es la consciencia espiritual.

Esta noche le he entregado ese espacio vacío a mi maestra interior, a su sabiduría, a sus enseñanzas, y ella soy Yo misma, la que se le entrega, y al hacerlo también se rinde a Dios. Al permitir esta apertura dentro de mí podré ser usada por Aquel a quien hago mi ofrenda porque después de todo el viaje habrá de vaciarnos, convertirnos en nada, hacernos solo ofrenda. Con esta renuncia se abre lentamente el umbral hacia un capítulo de mi vida no ya tanto centrado en el ego, sino uno en el que la llama del espíritu empieza a preñarse adentro, quemándolo. Y aunque mi imagen exterior puede seguir siendo la misma (después de todo no es tan importante pasar por la peluquería, porque el cambio a fin de cuentas es interno), la experiencia cambia. Un femenino sabio se está despertando a mis sentidos y comenzará a guiarme. Aún es pequeño, vulnerable, y se llama Sofía. A partir de ahora, la tarea fundamental será cuidar de ella.

* * *

Antes de este sueño ha venido una imagen: una mujer se está ahogando plácidamente en las aguas profundísimas de un lago cristalino. La imagen es la misma descripción de un extinguirse en un manantial de pureza abisal, de un ahogarse en la misma dicha del espíritu, de desaparecer en sus aguas que son las de Su amor.

30 DE SEPTIEMBRE

Dejo a mi hija en la orilla de la playa junto a un amiguito. Mientras me alejo observo que la inercia de una consciencia colectiva "congela" el movimiento del mar justo en el instante en el que una ola enorme está a punto de romperse sobre la costa e inundarla. El agua es cristal puro. Sé que cuando la imagen se descongele el océano lo anegará todo. Antes de que eso ocurra tendré que poner a buen recaudo a mi hija. Al moverme para ir hacia ella el mar recupera su cadencia anegándolo todo. Observo aliviada que la niña está a salvo porque sabe nadar. La tomo entre mis brazos y la subo al coche, que también está de agua hasta arriba. Sé que sigue estando segura porque también sabe bucear. Es como un pez dentro de aquella agua limpísima.

* * *

Sofía, mi hija, está lista para zambullirse en las aguas del espíritu, también para bajar hasta lo más profundo de Él. A estas alturas nada puede parar su viaje.

OCTUBRE

1 DE OCTUBRE

Vuelve el tsunami de cristal. Lo inunda todo. Tomo a mi hijo en brazos y nos alejamos rápidamente para ir a recoger a su hermana, que está en otra zona del pueblo. Conseguimos traérnosla a tiempo. Juntos observamos cómo el mar hace sus estragos. Pienso que esto me pasa por vivir en donde vivo, frente al mar. Tendré que estar más atenta al cuidado de mi hija.

* * *

El miedo acecha, aún es controlable. Mi mujer vive su luna en cáncer en la casa 8, un remolino de emociones vastísimas… Tengo que ver lo que hay ahí dentro. Un masculino hermanado con Sofía también me reclama. Es el baile de la vida, el yin y el yang dando a luz a las diez mil formas del gran sueño colectivo de esta existencia.

3 DE OCTUBRE

La imagen es la de un paisaje bélico. El pueblo parece estar desapareciendo bajo una lluvia de bombas. Mi padre, mi hermana mayor y yo, lo observamos sobrecogidos desde una de sus casas. Me doy cuenta que no son proyectiles sino relámpagos: unas luces poderosas y certeras que asolan todo lo que tocan. Las miro con atención buscando su procedencia. Veo en el cielo dos seres celestes luminosos, dos ángeles jóvenes vestidos de plata entre los que se encuentra un cristo crucificado. Compruebo que los rayos vienen del centro de su cruz.

Uno de ellos me habla con dulzura. Puedo entender su mensaje solo a través de imágenes puesto que su lenguaje no es verbal. Me explica por qué arrasan determinados objetivos: simplemente así es como debe ser, no hay juicio alguno en eso. Continúa diciéndome que el rayo no actúa tanto como una bomba, a pesar de su apariencia, sino introduciéndose en la mente-vida de los habitantes de las hogares a los que llega. Me muestra lo que ocurre en una de ellos: acaba de morir uno de los hijos en un accidente y es el alma-mente de esa casa, en concreto la del padre, la que lo ha provocado todo. No me habla de dolor, de si lo que ocurre es bueno o malo, sólo me dice que es relevante. Como el rayo es una luz que tiene su propia inteligencia solo va a donde debe ir. Su poder es indiscutible.

Medio asustada, medio feliz, le pregunto por mi lugar en esta vida. Me replica sonriendo que estoy en la buena dirección.

NOVIEMBRE

8 DE NOVIEMBRE

Voy a un restaurante árabe con mis dos hijos. Pedimos la comida en la entrada y la pagamos. Cuando voy a pasar al comedor me doy cuenta de que lo que me traen no es lo que he pedido, y aunque no me disgusta se lo hago saber a la chica con quien lo habíamos hablado. Muy amablemente se disculpa invitándome a pasar a una sala de relajación aledaña para compensar el error. Mis hijos, mientras tanto, se van a comer. La estancia es muy antigua. Parece una terma romana, silenciosa, oscura, casi como una cueva. El suelo es de piedra. Veo claramente al fondo a la derecha, esculpida en el suelo, una bañera de mármol blanco veteado. Su agua emite una luz muy brillante, diamantina. Me desnudo y me sumerjo en ella, compruebo que está cálida.

Un hombre desnudo se acerca. Es extraño, no parece humano. No es hermoso ni feo, ni alto ni bajo, ni joven ni mayor, es de una condición indefinida y su piel es de un color verdoso indeterminado. Me mira como quien no mira y me habla como quien no habla. Salgo de la bañera, me dice que soy poderosa, que sobreviviré al 2012. Me acaricia el pelo y me lo huele, también la piel. No sé cómo catalogar esta experiencia porque él es extraño, como salido de otra civilización, de otro planeta. Nos tumbamos juntos dentro de la bañera. Le llaman a su teléfono móvil y al colgar me dice: "acabo de tener mi hijo 98 y ahora voy a tener contigo el 99". Me fecunda, aunque no hacemos el amor. Es un roce suyo, un energético abrazo lo que sé que ha sembrado algo dentro de mí: una sustancia luminosa que ha ido desde su corazón al mío despertando una calidez en todo mi cuerpo. Se va.

Llegan mis hijos y nos marchamos. En la calle veo a una chica musulmana embarazada que oculta su cara tras un velo: me doy cuenta de que es la número 100. Con ella, este hombre mensajero al que ahora distingo entre la multitud (más anciano y pequeño), dará por terminada su misión. Lo sé porque seguimos unidos en una especie de contacto telepático.

* * *

Sobreviviré a este apocalipsis de mi mundo interno que ya está aquí. Como *Ave Fénix*, su destrucción traerá consigo el amanecer de una visión más extendida. Este es un sueño iniciático: nueve meses después encontraré a mi maestro Sufí por primera vez. Y ya se sabe que el discípulo tiene que llegar a ser menos que una mota de polvo ante los pies de su maestro.

25 DE NOVIEMBRE

Estoy visitando un país montañoso con un hombre que se comporta de forma amorosa conmigo. Como él ha estado antes allí me guía a través del hermoso paisaje. Hace sol. Subimos hasta un lago helado de alta montaña. Temo que se raje la superficie bajo nuestros pies y nos caigamos adentro, pero me pide que confíe porque todo irá bien, nada malo va a pasarnos, la capa de hielo es resistente y no hay peligro alguno. La atravesamos. Escalamos hasta la cima nevada de la montaña sobre la que descansa el agua. Ahora estoy sobre un pequeño alpe de la cumbre desde el que parece difícil bajar. Aunque tengo miedo logro encontrar un sendero secundario que me facilita el paso. Juntos estamos felices.

* * *

La aventura sigue su propio rumbo. Hoy es un día significativo. He contactado con un elemento masculino de mi psique en el que puedo totalmente confiar, darle la mano. Es amable y todo su afán es cuidarme. Junto a él sé que soy capaz de hacer cualquier cosa.

La montaña nevada es el símbolo de una consciencia elevada, el destino hasta el que esta nueva confianza me puede llevar (y me lleva). La bajada, habla de la integración de esa experiencia en el día a día, porque la experiencia espiritual no se nos da para nosotros mismos sino para que la anclemos en el mundo, en nuestros paisajes cotidianos.

(Casi todos los personajes principales de esta aventura están sobre el escenario).

AÑO 2011

MARZO

PRIMEROS DE MARZO

Voy de la mano del hombre amoroso por las calles de un pueblo. Lleva unas llaves antiguas con él. En un momento determinado de nuestro paseo me pide que crucemos de acera. Va directo hacia la puerta de una casa, dentro de ella hay algo que quiere enseñarme. Entramos. Es una torre circular de piedra muy antigua. Nos desnudamos para bajar las escaleras que llevan hasta el piso de abajo al que llegamos después de descender varios tramos. Hay un palmo de agua transparente que brota por un agujero del suelo. Le propongo que nos lavemos allí.

En ese momento se va y me quedo sola. Entonces comienzan a llegar desde el interior de un pórtico que hay alrededor de toda la planta, un grupo de hombres jóvenes que parecen idos, locos, perdidos. Sé que no quieren hacerme daño: solo necesitan escucharme decir que si se bañan en ese agua podrán curarse porque sus propiedades son buenas y guardan el potencial de sanarles. En cuanto veo que han comprendido el mensaje me marcho.

Comienzo a subir por el otro lado de las escalinata circular hasta llegar a un recinto al que se entra desde un pequeño vestíbulo. Es una biblioteca. La chica que está tras el mostrador me saca un libro que, según dice, he reservado. Un hombre vestido de blanco me pregunta cómo salir de allí, "¿cómo [puedo] traspasar el umbral?", me dice exactamente. Le contesto que la clave está en los libros. Deberá seleccionar el adecuado. Me despido, salgo a la calle con el mío bajo el brazo.

* * *

Una sincronicidad: al contarle a alguien muy querido esta historia me ha dicho que él sueña de forma recurrente con una torre antigua de escaleras circulares, con emanaciones de agua al fondo. De alguna forma sé que es la misma en la que he estado esta noche.

* * *

Este nuevo masculino, cuidadoso y confiable, sigue ayudándome en mis primeros pasos. En este caso me pone en contacto con un manantial de aguas curativas que podrá purificar algunos aspectos de mi *animus* hasta ahora excluidos, rechazados. Siento que muchos de ellos pertenecen a un componente inconsciente colectivo, antiguo y primitivo. Habrá que limpiar para purgar. Entonces, estos aspectos de la psique no reconocidos irán sanando e integrándose en la consciencia, traspasarán por fin el umbral entre los mundos.

JUNIO

25 DE JUNIO

Voy a dar un programa de tratamiento en la prisión. Al llegar me entero de que hay un curso de cocina para los internos y me apunto. Entre los chefs hay solo una mujer. Se interesa por mi trabajo. Ante su curiosidad le explico al detalle cuáles son sus condiciones y qué relaciones tiene con la cocina. Se impresiona con lo que le cuento, quiere saberlo todo: horario, funciones, sueldo, etc. Hace que me sienta reconfortada e implicada en mi labor. Le comento que lo más importante de lo que hago está en sus valores nutritivos, y que todo el mundo debería saberlo. Con el fin de que la gente entienda todo esto mejor decido que escribiré un libro.

* * *

El sueño habla de uno de los aspectos principales del principio femenino: su capacidad nutritiva. Un cuidado y atención genuinos son capaces de transformar el ego, es decir, de transmutar la ilusión en lo real. Y eso es central en esta tierra, porque es lo que nos mantiene vivos y lo que la mantiene viva. Solo un femenino sano y consciente de sí mismo puede ayudarnos a salir de la pesadilla materialista en el que está sumido nuestro mundo. Lo femenino, y en especial las mujeres, tenemos un papel central en este cometido.

Una sincronicidad: esta mañana he recibido el email en el que se me comunica que me han aceptado en el retiro.

AGOSTO

2 DE AGOSTO

Asisto a una gran convención de un grupo místico hermético. La gente entra amontonada a ocupar las butacas de un enorme teatro. Mi sorpresa es mayúscula cuando alguien me comenta que soy yo quien daré la charla. Entro en *shock*, no estoy segura de si lo que diré será lo más adecuado. Sin embargo ya es tarde, soy un monje franciscano y estoy sobre el escenario. Estoy hablando al público sobre mis revelaciones místicas, a su vez, profundamente cotidianas. Aunque tengo miedo de cometer un fallo no parece que lo esté haciendo mal. La gente escucha con atención y respeto. Sobre el escenario hay una hilera de asientos en los que se acomodan los miembros relevantes del grupo: en concreto, en el extremo izquierdo de la fila, está su líder.

Llega el momento de comunicar al público el argumento principal de mi discurso: que los seres humanos no estamos separados. Estoy nerviosa, me siento extremadamente insegura. Sin embargo, el jefe de la logia, vestido elegantemente de negro, me interrumpe emocionado para subrayar lo que estoy diciendo. Insiste ante el auditorio que todos somos Uno. Me abraza llorando agradecido.

* * *

Mis creencias religiosas se están revisando profundamente. Su "director" se enternece escuchando al sencillo fraile hablar sobre la Unidad de la vida, un conocimiento que más allá de todas ellas, es intuitivo y esencial, libre de todo dogma.

* * *

SEPTIEMBRE

Primera semana de retiro (Hittfeld, Alemania)

DÍA 1

Escribo tumbada sobre un colchón apoyado en el suelo de una buhardilla. Sobre la cama hay dos toallas y una bolsa de golosinas. Somos seis mujeres dentro de esta habitación, que es una capilla pequeña con su altarillo al fondo.

Algunas se presentan. Son amables, siento en ellas una mezcla de dulzura y contundencia sajona que me gusta. Todas pertenecen a distintos grupos dentro de la tarika. Yo, sin embargo, no conocía antes a nadie.

Me gusta la sensación de esta camita rodeada de otras tantas en las que dormirán estas personas extrañas. Me gusta la sensación de su sorpresa. Me gusta este lugar poblado de presencias, rostros y palabras desconocidos.

El sitio donde está el centro es precioso. Está rodeado de un bosque alemán, verde, verdísimo (¡ay, que te quiero verde!). Me pongo el jersey que me ha prestado mi hijo. En total somos trescientas cincuenta almas llegadas de distintas partes de Europa, solo dos de nosotras españolas.

Parece que ha quedado un cuarto libre que puedo compartir con el amigo que me ha acompañado hasta aquí. No estoy segura si me apetece dejar tan pronto esta sensación de novedad que estoy sintiendo, pero hago el equipaje y me bajo con la maleta para cambiarme finalmente de habitación. Aunque la camita de la buhardilla es preciosa, lo cierto es que la habitación es muy ruidosa. He descubierto que el comedor queda cerca y el paso de personas es constante.

Bajo las escaleras corriendo... Nada más abrir la puerta, ¡zas!, me tropiezo con el maestro. W. me mira sonriente y me saluda "Hello!", but I don´t know what to say, so..., no digo nada, ninguna palabra. Lo primero que he pensado es que es más alto de lo que me había imaginado. ¡Uff! esto es un encuentro sin tapujos en toda regla. Jamás se me habría pasado por la cabeza que lo conocería dándome literalmente de bruces con él.

Mi acompañante y yo damos un paseo por el bosque. El bosque germánico de mi amado Holderling. Es hermoso, ¡tan primitivo y líquido!.

Ahora escribo desde el nuevo cuarto sobre la nueva cama en la que habré de pasar estos cuatro días de retiro. A mis espaldas, una enorme ventana abre la habitación al misterioso paisaje boscoso y a sus criaturas. Un búho real atraviesa el marco ¡estoy feliz!. Después de todo siento que esta pequeña, tranquila y confortable habitación ha sido un regalo.

No me olvido de ella, de la otra mujer española. Nos hemos encontrado por primera vez en el *hall*. Se ha acercado después de que una compañera le comentara que yo era la andaluza del retiro. Espero que tengamos tiempo de conocernos a lo largo de estos días. Me habla de un monje budista que antes de serlo estuvo en prisión durante muchos años por tráfico de drogas y que a día de hoy tiene una ONG que ofrece cuidado espiritual a los internos de diversos centros penitenciarios de EE.UU. Yo misma me digo todos los días en el trabajo que cualquier rehabilitación y/o reinserción tiene que dirigirse al alma. Sin alma, no hay cura.

Solo el alma puede liberar al ser humano. De ahí que cualquier intervención psicológica que pretenda ser exitosa no puede dejarlo atrás. Y aunque lo cognitivo conductual funciona bien a corto plazo (y por eso está de moda), a la larga acaba en saco roto.

DÍA 2

Meneo… ¡ay qué meneo! ¡qué mareo!.

Primera meditación. Luego, ¡buenos días!. Me encuentro con W. nada más salir de la sala, "good morning!".

Estoy cansada. Esta noche no pegué ojo. Creo que habré dormido unas dos horas. Tras la meditación he dado un paseo junto a mi acompañante por el bosque. Nos chocamos casi literalmente con W. (¡otra vez!) y su acompañante. El maestro me pregunta por mi interés en el retiro. Le respondo “life is an adventure”. Ahora me da un ataque de inseguridad y pierdo parte de sus palabras, le pido amablemente que me repita, a lo que me responde que para qué estoy allí si no sé hablar inglés. Le contesto con timidez “I suppose I can understand English better than I can speak it”. Mi acompañante, algo descaminado, les pregunta a ambos quiénes son, de dónde vienen y qué hacen aquí. Los tres nos sorprendemos. W. y su asistente se despiden delicadamente sin responderle.

Le explico a mi amigo lo que acaba de pasar minutos antes: cae en la cuenta de la naturaleza del malentendido y comenzamos a reírnos, nos tronchamos de la risa, no paramos, lloramos. Volvemos a la sala.

Charla maravillosa. Me entero, no ya de algo, casi de nada. Mi inglés ha perdido repentinamente presteza entre el aturdimiento y el cansancio. Apenas si puedo sostener mi cabeza ¡y mucho menos el perfecto inglés británico de W. dentro de ella!. Pero el corazón no tiene lenguaje que valga y comprendo que algo hermoso y sutil lo ha tocado, algo como el batir del ala de una mariposa.

* * *

La dimensión más concreta del hombre solo puede expresarse desde un ego. Esta dimensión no excluye otras y todas ellas se complementan. Podemos y debemos vivir la vida cotidiana de una forma coherente y ética. Entonces, el sinsentido desaparece llevándose con él la angustia.

Almuerzo con la mujer española y otras amigas suyas sudamericanas. Buena comida. Amable compañía y conversación. Volvemos a la sala.

Decido hablar ¡en inglés!. Decido hablar en público en inglés ¿en qué estaba pensando?, ¡qué ilusa!, ¿en algo así como en poner a prueba al maestro?, ¡ay cocohueco!, ¡si lo sé yo que me lo pusieron bien de chica!. W. me había dicho en el encontronazo de la mañana "your questions will be welcome". So, I decide to ask him about my dream, aquel del hombre verde que fecunda dentro de mí el número 99.

Me disculpo por mi *spanglish*. W. comenta al público "¿hay alguien aquí que sepa hablar un buen español y que quiera ayudarla?". Bien, comenzamos bien, pienso, ¡qué bueno! ¡es locuaz e inteligente! ¿tengo que salir de aquí vapuleada?... parece que sí. Vengo, entre otras cosas a eso, a revolcarme en el barro, a dejar atrás el lastre de las dignidades vacías, a desnudarme, a liquidarme. Lo soñaste, estate tranquila ¿recuerdas?.

Todo ha quedado, sin embargo, cómico. Acaba diciéndome que no sabe de *maths*. Le replico que yo tampoco. Nunca se me dieron ni demasiado ni poco bien. Ni si quiera me contesta. La proyección empieza a despedazarse. Siento mi corazón enternecerse más por momentos.

Salgo de allí medio tronchada, sacudida, ¡al fin!. Paseo por el bosque después de jugar un rato al ping-pong con mi amigo. El paseo ha sido maravilloso. La belleza del paisaje nos permea. La mente está en verde ¡qué vacío, qué alivio!.

DÍA 3

Me he levantado demasiado animada para como me acosté anoche. He dormido casi diez horas. Estoy deseando ir a la sala de meditación a retomar el trabajo, a pesar que el día de ayer me dejó el cuerpo raro.

Voy a tomar el té matinal. W. me busca con la mirada, pero justo cuando voy a saludarle, mira hacia otro lado. Me hace sentir mal, me recompongo como puedo.

La charla ha sido maravillosa. Me he emocionado. No he podido parar de llorar. Me admira todo el amor que cabe en un corazón humano. "Gracias por recordarme quién no soy", le digo emocionada al salir al maestro.

Turno de preguntas. Levanto la mano. W. me ve. Le dice al joven del micrófono que me lo retire. Hay un cuchicheo general. De nuevo estoy en el centro de la arena tocada, dolorida, quebrada y hundida. Me siento excluida, rechazada, sola. Me voy al cuarto, prescindo de ir al comedor. Me meto en la cama a llorar. Soy una niña abandonada en mitad de la calle, ¡me enfurezco!. Quiero estar en casa, quiero abrazar a mis hijos.

Mi acompañante trae noticias del comedor. Allí todos chismorrean acerca del episodio de esta mañana entre W. y yo: que si ha sido un malentendido, que si esto, que si lo otro. Algunos dicen que levanté la mano cuando W. preguntaba por otra cosa. Le he pedido a la mujer española que venga al cuarto, debe saber más de todo esto.

Ella trae alegría. Suavemente la esparce por el cuarto. Opina que se está haciendo un trabajo conmigo. No sé si eso me deja o no más tranquila. Por la tarde aún resuenan sus palabras en las paredes. Todo está en calma. Poco a poco comienzo a estar más animada. Extrañamente, para mi sorpresa, me siento clara, siento una claridad que se disemina suavemente en cada célula del cuerpo. También afuera todo parece limpio y hermoso. Estoy feliz, ¡qué montaña rusa!, ¡qué locura!.

Mi amigo y yo jugamos al ping-pong. Tengo hambre. Ceno muchísimo. Paseamos por el bosque hasta que se hace de noche. Me siento segura. El miedo se ha ido.

* * *

El sueño escenifica la noche del fin del mundo, comprendo que de mi mundo tal como lo conozco hasta ahora. Voy en un barco con mis hijos. El mar comienza a ponerse muy complicado. Las olas penetran con más y más fuerza en su interior. Voy a avisar a todos pero es demasiado tarde: una ola gigantesca va a devastar la nave. A medida que rompe sobre la cubierta se va convirtiendo en hielo. Al helarse deja una pequeña ranura delante de la puerta del camarote que aprovecho para salir a la cubierta llevándome conmigo a mi hija. Andamos sobre el agua helada hasta la costa, casi arrasada por el fuego. Allí está mi hijo y vamos directas a rescatarlo.

* * *

Hay una estrecha relación entre este sueño y aquel que dio forma, meses antes, a la gestalt del retiro. He caído en la cuenta: justo hace nueve meses que soñé con el hombre verde que fecundaba mi corazón con luz del suyo. Esa preñez me permitiría sobrevivir al fin del mundo. Los aspectos de un nuevo mandala de mi mundo interno, simbolizados por mis dos hijos (la una el agua, las emociones; el otro el fuego, la acción), deben salvarse a toda costa. Su integración será un largo viaje cuyo destino la alquimia ilustra con la imagen de una llama sobre el agua, pero eso es adelantarme mucho.

Una sincronicidad: W. duerme en el cuarto nº 99.

DÍA 4

Me he levantado ligera. La meditación de la mañana me ha desvelado. He limpiado las primeras proyecciones con el maestro. La dependencia, que es la trampa del amor, se ha ido afuera un rato. La niña que se lamenta de que los demás la excluyen de la vida (como si no fuera ella solita la que lo hiciera) vuelve recompuesta milagrosamente para reincorporarse al grupo. Dura lección, pero impecable. Gracias. Quiero seguir aprendiendo más.

W. ha sido honesto. Ha sido del mismo modo paciente. Me gustaría seguir en el grupo cuando vuelva a España. El mundo, tal como lo conocía, se acaba. Habré de ponerme a construir el nuevo y necesito ayuda.

Hoy no me da miedo mi lengua. No me da miedo la gente. No tengo miedo. El centro de gravedad de mi cuerpo se ha bajado de la cabeza al pecho. Esta activación del corazón trae cura. La meditación de la tarde ha sido maravillosa. El cuerpo hervía. La energía lo envolvía en una corriente que emanaba del centro del pecho. Comienzo a comprender la anchura de lo que está pasando.

DÍA 5

He dormido fatal. De nuevo el calor que no me deja dormir. Me he despertado mojada en sudor a pesar de que estoy en el norte de Alemania y hace frío.

* * *

Voy acompañando a un grupo de internos del centro penitenciario en una salida programada. Estamos en el interior de un museo viendo una exposición de fotografías. Se va la luz. Todo queda a oscuras. Dos de ellos, psicópatas peligrosos, intentan escapar matándome, sin embargo soy yo quien al final me enfrento a ellos dándoles muerte.

* * *

Hay zonas de mi psique que se rebelan a lo que está llegando. Los dos psicópatas son aspectos oscuros de mi masculino que, si me descuido, pueden morir matando. La guerra está viva dentro de mí. De igual modo la guerrera también y llega el momento de reconocer su valía.

Sigo con la duda de qué hacer cuando vuelva a España ¿debo incorporarme al grupo?. Cualquier plan de este tipo pasa, a mi modo de ver, porque W. lo confirme antes. Pero ¿cómo hablar con él?, me rehúye. Hoy, tras la charla, quise preguntarle sobre todo esto y a pesar de que charlaba con alguien a mí me dijo que estaba demasiado cansado como para escucharme. Tras él, llegó su guardaespaldas espiritual. Con implacable seriedad me quitó de en medio. Me repitió lo que W. me había dicho. No comprendo por qué repetir lo mismo cuando a la primera ya lo he entendido, estoy molesta.

Sigo por tanto con la duda de qué hacer ¿me incorporo o no al pequeño grupo español?. Me iré sin saberlo ¡pero me gustaría tanto continuar el trabajo!. Lo increíble de estos días es, que a pesar del dolor, de la inadecuación y de las dudas, me siento feliz, energética, lúcida, en paz, ¿qué está pasando?

A la vuelta del *break* la mujer española me dice que W. se ha interesado por mí. "¿Dónde vive?", "en Córdoba" le ha contestado. Luego ha querido saber si ya he contactado con ella. Finalmente le ha dicho: "She is a nice woman". So I am in the Spanish group… Yes!.

Ya están resueltas mis dudas. En cuanto vuelva del retiro comienzo a trabajar con el grupo. ¡Me siento feliz!. El patito feo, quizá sea un cisne o lo que sea, todo ¿menos patito feo?.

Vamos de vuelta a Berlín en el coche de alquiler. Mi acompañante está contento de cómo se han desplegado los acontecimientos en estos días. Se me quita un pellizco del pecho. No quiero que esta historia se entrometa en la nuestra.

DÍA 6

Estaba soñando que mi madre se moría. Menos mal que casi no he dormido. No quiero matarla aunque cortar el cordón psíquico entre nosotras será, después de todo, una tarea que tendré que cumplir.

Estoy comprendiendo que la forma en la que W. trabaja conmigo es del todo informal: leo cosas que parecen contestar mis dudas, le escribo, hablamos a través de la mujer española, le siento, está aquí y ahora conmigo.

Les pido a los *kouros*, los guías del umbral del mundo arquetípico que a veces me acompañan adentro de la tierra, una confirmación. Al ir hacia mi *gate* leo el eslogan publicitario "big news, small smiles" a lo largo del angosto pasillo del aeropuerto. Me paro frente a uno de esos carteles. Observo que bajo la frase hay un montaje fotográfico protagonizado por unas extrañas criaturas: bebés con rostros de ancianos, tal como vi a los *kouros* en mis sueños. ¡Ah, amados, aquí estáis, gracias!... Voláis conmigo, voláis. Hoy se cierra el primer capítulo que se abrió de vuestra mano hace dos veranos, una etapa de la peregrinación en toda regla.

CÓRDOBA. MEDIADOS DE SEPTIEMBRE

He meditado y he practicado el mantra. De nuevo no he dormido nada. Me he despertado a las 1´45 de la mañana. No puedo comprender cómo no estoy cansada: llevo sin dormir durante los últimos cinco días y sin embargo voy extrañamente lúcida a todas partes, rebosante de energía. Durante el corto tiempo en el que me he dormido han llegado muchas imágenes. Las sensaciones son nuevas, aunque en cierto modo resuenan dentro de mí sin saber bien cómo definirlas, pero en definitiva son nuevas y me reconforta poderlas compartir contigo, bendito diario.

A medida que va pasando el tiempo comprendo que estoy construyendo una relación con W. Entre nosotros hay un canal abierto y no importa que no hablemos porque este canal simplemente funciona. Las preguntas esenciales me las contesta de una u otra forma, y las otras, casi siempre descubro que no eran realmente tales preguntas, sólo impaciencia... Cuando llegue el momento tendrán una respuesta.

* * *

Hoy estoy tranquila a pesar de que ayer estaba muy energética, tal vez demasiado... Fue un día fecundo en lo mundano porque tenía mucho trabajo retrasado y lo que pensaba hacer en tres días lo solucioné en una mañana. Me temo que he dilapidado la energía que me fue dada en el retiro y en vez de estar en recogimiento no he parado de hacer cosas. Por la noche ocurrió de nuevo lo mismo: me desperté a eso de las 00: 45. La noche tenía toda la pinta de que iba a ser igual que las últimas, es decir, en vela. Me asusté, porque lo usual es que si no duermo una noche luego esté medio muerta al día siguiente. Sin embargo, con ésta van seis noches en blanco y ¡sigo sin parar durante el día!. Esto no se le parece a nada que me haya pasado antes.

* * *

Hoy sigo energética. Estoy limpiando toda la casa de arriba a abajo (tengo vacaciones hasta el lunes). Aún así siento que las sensaciones de los últimos días me están empezando a superar. Me refiero no ya tanto al tema psicológico, sino a cómo mi cuerpo ha reaccionado tras el retiro. Lo mejor que puede pasar es que esto se acabe cuanto antes. No sé bien qué hacer. Incluso meditar me energetiza aún más. Me da miedo volverme a enganchar a tope con el estado "psicodélico" de los últimos días. Aún así parece que el anhelo se está empezando a tranquilizar un poco (es que esta energía tiene que ver con un anhelo que crece y crece).

* * *

Empezar a trabajar no ha sido como esperaba. Se suponía que tenía tres reuniones para diseñar la intervención de tratamiento del último semestre del año y no ha habido ninguna por motivos excepcionales. Luego, al salir, tenía otra cita en la universidad con la tutora del postgrado y tampoco se ha presentado.

Por lo demás estoy meditando, practicando el mantra, leyendo y reflexionando sobre lo que leo... En cuanto a esta cita tan mística de Rabbia (¡Oh Dios mío!, cuantos bienes me hayas destinado en este mundo, dáselos a tus enemigos , y cuanto me hayas reservado en el otro mundo, dáselo a tus amigos. Porque a mí, Tú me bastas), ¡sí que es profunda y amorosa, de una intensidad que no tiene fin!. ¿Acaso amamos tanto?. A veces me siento sola, como una niña abandonada. Su sentimiento de desencanto fue el que me hizo mirar a W. con el recelo con el que lo hice en Alemania: mi escepticismo con respecto al amor marcó mi encuentro con él, pero lo cierto es que así no se puede vivir. Yo quiero amar y dejarme querer.

Tengo la suerte de haberme cruzado con un gran maestro. Su desnudez me permite entrever las formas en las que proyecto mis complejos sobre los demás. El ser humano, como no está separado del resto de seres, necesita de este juego de espejos para saber quién es, demanda vivir nutriéndose de una existencia relacional en su camino de vuelta al verdadero hogar: Dios adentro. Y la relación con un maestro genuino puede ayudarnos, más que ninguna otra. Luego llegará ese momento en el que el maestro, igual que vino se irá, la misma vida que lo trajo se lo llevará donde haga falta.

OCTUBRE

MEDIADOS DE OCTUBRE

Un sueño: voy de viaje vestida de riguroso negro. Me bajo de un autobús en una estación de no sé dónde. Estoy muy pendiente de no perder mi maleta. Se me acerca un hombre que trabaja tras el mostrador a darme el pésame. Entiendo, por lo que me dice, que se ha muerto mi padre. Le digo horrorizada que debe estar equivocado. Le hago mirar detenidamente la relación de viajeros porque creo saber que se ha confundido con otra persona que se llama como yo. En efecto, en el autobús viajamos dos mujeres con el mismo nombre: la primera que aparece en la lista soy yo, y la otra, no recuerdo su apellido pero no parece tener que ver nada conmigo. Confirmamos que todo ha sido una equivocación: es la otra mujer la que acaba de perder a su padre. Me siento aliviada y tranquila.

* * *

¡Cuánto camino me queda por delante! Me da miedo perder la maleta, quitarme el peso del exceso de padre que hay dentro de mí. Aún no me siento preparada para deshacerme de nada de eso. Sin embargo, también soy otra mujer casi desconocida para mí misma que parece poder hacerlo.

¡Ha sido un sueño premonitorio. Ayer fue un día complicado con el padre de mis hijos y todo derivó en una pelea con mi padre. Nunca antes lo había desafiado. Mi padre puede ser extremadamente ambivalente: el más dulce y/o el más ácido, el más vital y/o el más agrio. Siempre quise quedarme con su lado amable. Al no querer ver su otro rostro, lo oculté, sin saberlo, en las profundidades de la psique. Eso me llevó a encontrármelo afuera, en el talante crítico y censor de muchos de los hombres importantes de mi vida... Pero esta es una historia larga que por ahora apenas acaba de empezar.

¡Volviendo al presente, a esas dos mujeres viajeras del sueño: una es la primera de la fila, la que lleva el apellido del padre (y sus ancestros) con orgullo. Representa un nivel superficial y vulnerable de la consciencia definido por el miedo a perder sus hábitos (su equipaje), a dejar atrás esa imagen suya con la que cree sentirse cómoda, simplemente porque parece funcionar bien en el mundo. De ahí que no solo no quiera abandonar al padre interior sino que vuelva a tomarlo una y otra vez. La mujer no parece comprender lo que está pagando a cambio y solo se reconoce como la hija buena y obediente de un padre exitoso que la quiere.

¡Hasta aquí todo parece bien, pero ¡ojo!... esto la lleva a vivir fuera de sí misma, a evaluar su propia valía "certificándose" a través de los demás, a responder a la vida en función de lo que otros piensen de ella, y por tanto, a vivir acoplándose a los antojos inciertos de unos desconocidos. Como no puede ser de otro modo el día a día se le hace complicado, su necesidad de tener que recibir la continua la aprobación de los demás es un penoso peso sobre su espalda del que no puede desprenderse, pues de no ser buena "niña" cualquiera podría abandonarla justificadamente. Para contrarrestar este bloqueo de su propia energía psíquica, busca de forma inconsciente, hombres poderosos y autoritarios a los que desafiar, con el fin de movilizarla y darle una salida. Ellos le permiten enfrentarse al malestar cotidiano e insidioso que resulta de reprimir su oposición a esa parte suya no reconocida del padre solar que coarta su creatividad. Los enfrenta casi instintivamente y al hacerlo consigue mantener encendidas las ascuas de un femenino que malvive denostado en la profundidad de las sombras. A pesar de que se ha acostumbrado a esta manera de vivir, lo cierto es que la vida se le complica cada vez más.

¡La otra mujer de la lista también existe, aunque apenas si sabemos algo de ella, si acaso que se le acaba de morir el padre. Sencillamente ocurre que como siempre ha sido libre siempre ha estado lista para vivir. Es sabia y comprende que la vida va de no ceder nunca nuestro poder personal, es decir, de expresar nuestros dones que son las huellas del Amado en este cuerpo y esta tierra. No sabemos cómo pero de alguna manera la primera mujer sabe de su existencia y su valía respaldada por su autenticidad, de ahí que la busque a la desesperada confiando en que pueda darle una solución de raíz a sus problemas. Porque lo cierto es que es elusiva, es la última de la fila, y como tal habita en el remotísimo lugar de las capas más profundas de la psique al que a otras le es complicado llegar. Es Lilith, la guardiana del fuego interior, la mujer soberana, la más terrible de todas si evitas el contacto con ella. Su luz, que es la luz de la naturaleza, le permite observar la cara oculta del padre interno y desafiarlo junto a todo aquello que pretenda domesticar sus instintos. Su libertad es un manantial de autoridad genuina interna que de no ser encauzada puede llegar a ser violenta y destructiva. Es la Cruz que late bajo la Cruz y la que desde el fondo la preside. La "niña" tendrá que limpiar las muchas capas de polvo, desidia, olvido, distracción y rechazo que la separan de ella para aprender a vivir.

¡Siento que el maestro está trabajando conmigo a toda máquina. El trabajo se acelera... Aunque están siendo días difíciles, esta dificultad me aligera de forma milagrosa. Son esas chispas de la luz que asoman cuando los bloqueos se disuelven las que me están dando una nueva energía.

20 DE OCTUBRE

La otra noche soñé con la luna. Formaba parte de un equipo de médicos compuesto por dos mujeres y tres hombres seleccionados para una misión espacial. Recuerdo vívidamente atravesar el espacio y en especial alunizar. Mi primera imagen de la luna es la de un claroscuro azulado que perfila suavemente el perfil de dos montañas al fondo. Me emociono. Hay una pequeña infraestructura de carreteras a lo largo de su superficie. Tomamos una especie de cápsula-tanque para desplazarnos por ellas. Llegamos a un lugar un tanto extraño repleto de gente en el que se está celebrando una fiesta a la que han sido invitadas personas influyentes de la tierra. Parece que vamos a tener una reunión en la que se nos va a comunicar los detalles de nuestro trabajo. Un indígena lunático se acerca al pequeño grupo en el que me encuentro. Es una mezcla de una muchacha y una mariposa de alas azules. A mi lado, una mujer la mira con prejuicio sin parecer comprender la sacralidad de su presencia. Me doy cuenta de que su ignorancia le puede acarrear serias consecuencias. Entonces, esta chica de la luna clava en el pecho de la mujer el tronco de un árbol. Herida, se desvanece ante nosotros.

* * *

El equipo de cura que la luz del maestro interno ha enviado hasta el centro del principio femenino de mi psique, representado por la luna, está formado por cinco componentes (dos de ellos femeninos). Es interesante que el significado esotérico de este número está relacionado con la idea del "ser humano perfecto" al que las tradiciones de sabiduría apuntan. El hombre de Vitrubio es su interpretación más moderna y es aquel quien, con la consciencia desarrollada, es capaz de colocarse en el centro de la cruz del Cristo, cuyos ejes simbolizan los distintos elementos y direcciones, e integrarlos, porque el espíritu queda al centro de ellos. Otros pensaron en el cinco como el matrimonio entre el cielo y la tierra, un mandala de integración en el que la mujer y el hombre internos coexisten en equilibrio dando a luz las diez mil formas del universo.

Como la luna es un símbolo del útero materno no solo apunta a nuestros sentimientos más instintivos e inconscientes, también a esa vasija capaz de contener en su interior la luz y la energía que el universo deposita dentro de nosotros para transformarla y traerla al mundo. Sin ella la energía masculina simplemente se dispersa. Esta es la tarea principal de esta misión enviada a la luna, nuestro único satélite, el arquetipo de la madre interior y universal, el ánima.

Hoy he visitado el territorio lunar de mi psique. Hay una gran fiesta montada celebrando esta primera toma de contacto con Lilith, la mujer oscura y salvaje, libre de toda creencia y prejuicios. De haber alguno, simplemente te mata, clava su estaca de sabiduría en tu pecho y te lo abre en canal, preparándolo despiadadamente para la entrada del espíritu. Porque el tronco, que es esa parte del árbol que se eleva hacia el cielo, acaba clavado en el centro de un costado martirizado, que es el lugar esotérico del corazón, el asiento del alma, el quinto elemento donde cielo y tierra se unen dentro de un ser humano. De ahí que sea crucial llevar su luz a la consciencia e integrarla. Y solo de su mano podremos traer nuestros dones de vuelta a la vida en la tierra.

Los primeros aspectos en oposición en los que la mirada quirúrgica de la doctora se detiene son el de una mujer refinada y una indígena joven a la que la primera parece mirar con cierto desdén por su primitivismo. Como experta de los mundos internos, la médico comprende que esta polarización es un error. Ella conoce las capas de olvido que hay detrás de la distinción de la supuesta dama, del mismo modo que sabe de la energía violenta e indomable de Lilith, quien sin mediar palabra (porque Lilith no habla) clava en el pecho de su oponente censora el tronco de un árbol, que es un símbolo de la vida, aquella que esta última ha tenido que sacrificar bajo el imperativo de la distinción social. Como contrapeso, Lilith destruye la distancia que hay entre las dos mujeres a su manera ruda, tosca, sangrienta. La doctora lo apunta todo en su libro de bitácora, pues de no recordar lo que acaba de suceder el camino hacia la integración de estos dos aspectos femeninos puede llegar a ser muy cruento.

La cualidad de este sueño es la de una experiencia vívida, siento que esta noche he ido a la luna.

* * *

Parece extraordinario pero a un nivel cotidiano comienzo a sentir de manera sutil una cierta tranquilidad instalándose en mi vida, un sosiego que se alarga y se amplifica un poco más, día tras día, cubriéndome de una manera que me resulta lejanamente familiar.

Sigo leyendo libros. Me surgen algunas dudas, por ejemplo, sobre el concepto Sufí de "emoción" con el que parece que se establece una equivalencia al de pensamiento y/o instinto en tanto que fenómenos condicionados o secundarios. En nuestra cultura científica la emoción queda sin embargo asociada al cuerpo, al corazón (a excepción del sentimiento, que es el pensamiento de la emoción). La diferencia entre ambos sistemas está en que el uno es espiritual y el otro científico siendo que para el Sufí el corazón es el órgano que trae a este mundo la esencia de la vida, el nombre del Amado –y su recuerdo–. De ahí que tenga un sentido oculto con respecto al que le solemos dar.

También me pregunto si cuando el maestro da la bienvenida a un discípulo hay evidencias de ello, es decir, si entre ambos se formaliza un compromiso de forma concreta y evidente. No puedo evitar que me surja la duda de si W. me ha aceptado o no como alumna. Tal vez esta inquietud tiene más que ver con que ya ha pasado como un mes desde el retiro en Alemania y empiezo a sentirme algo huérfana en la soledad de esta Córdoba... Parece que Cruz, la primera de la fila, empieza a apropiarse y a tomar el control del trabajo interno que he estado haciendo desde Hittffeld. De ahí que estoy empezando a necesitar saber (y por tanto a desconfiar) si el sendero Sufí, a pesar de desenvolverse en un nivel sutil de la percepción y experiencia, que de algún modo es una certeza dentro de mí, ¿tiene ciertos rituales establecidos?.

Echo de menos al maestro y al grupo, y en definitiva, la energía del retiro. Esta inquietud y sentimiento de soledad victimizado son indicios de que estoy empezando a ser tomada por un exceso de yang. En cuanto me despisto, este exceso de padre hace todo lo posible por ponerse al mando. Y ahora está pasando: necesito saber simplemente porque no confío en lo que siento. Me distraigo de lo Real. Me hago daño. Me Duele.

22 DE OCTUBRE

Estoy con mucho trabajo psicológico. Al comprender la naturaleza condicionada de mis emociones por mis creencias limitantes se está liberando mucha energía. Estoy metida de lleno en el ciclón, aunque paradójicamente me siento firme dentro de él, debe ser que a pesar de todo estoy tocando algo de tierra. Tuve un sueño que de alguna manera guarda relación con esto.

* * *

Formo parte de un grupo de guerrilleros vestidos de blanco. Entramos a una casa en la que sabemos que hay una energía oscura que vamos a enfrentar. Al fondo, en un cuarto, veo un grupo de seres vestidos de negro que se han percatado de nuestra presencia. El líder de todos ellos les cuenta a los demás quiénes somos. Lo hace utilizando un mural en la pared sobre el que aparece la jerarquía de los maestros del sendero de luz del que somos parte.

23 DE OCTUBRE

Las cosas siguen acelerándose. Esta semana he tenido que tomar decisiones complicadas. Al final he optado por resolver las dificultades de la forma más insólita y siento que he acertado. Hablo de decisiones que no me creí capaz de tomar, pero que con cierta perspectiva sé que son y serán buenas.

Llevo un par de noches sin dormir. He notado en mitad del sueño algo extraordinario. Hará como unos quince días me desperté con un fuerte zumbido dentro de la cabeza. Medio dormida la golpeé y volví a dormirme. Por la mañana pensé que habían sido los mosquitos. Sin embargo, hará tres noches me ha vuelto a despertar otro zumbido, esta vez más suave. Venía acompañado de un dolor y un calor agudos en la zona del corazón.

* * *

Hace pocas semanas fui a una conferencia sobre la influencia del Islam de al-Ándalus en la cultura occidental. Había varios ponentes. Me gustó en especial alguien que hablaba sobre el humanismo como fenómeno de al-Ándalus, trescientos años antes de Pico della Mirandola. Su investigación ha llegado a confirmar la devoción del florentino por Averroes, en especial por sus traducciones de Platón y de Aristóteles. Estas historias le llevan a una a reflexionar sobre el olvido histórico y la falta de gratitud que España, Europa, y en general el Occidente, han tenido con la cultura árabe del medievo.

24 DE OCTUBRE

Querido W.

Soy Cruz Mañas. Tuve ocasión de contactar contigo por primera vez en el retiro de este pasado septiembre en Hittfeld. Fue un encuentro complicado pero también luminoso y curativo. Aún sigo trabajando sus resonancias como puedo: manteniendo un contacto continuado con el grupo español –iré a Madrid el mes que viene–, meditando, leyendo, poniendo atención a mis sueños e intentando tomar decisiones honestas en mi vida. Todo ello me da ánimos para andar por el sendero Sufí, del que paradójicamente desconocía casi todo a pesar de vivir en Córdoba, uno de los centros más destacados donde se desarrolló el Sufismo, en tiempos de al-Ándalus.

Hará un mes o así tuve un sueño que siento que debo compartir contigo: Voy vestida de negro. Estoy en un aeropuerto, me siento muy cansada. No llevo equipaje, solo una vieja guitarra. Sé que llevo muchas vidas buscando algo importante, yendo de un aeropuerto a otro, subiéndome a aviones que no me llevan al destino al que necesito llegar (comprendo que cada uno de ellos es una encarnación distinta). Acabo de bajar del último vuelo. He llegado a EEUU, a ti. Voy a tu casa, que está en una ciudad de la costa Este. Toco a la puerta de un *flat* luminoso, blanco y moderno, con pocas habitaciones. Me abres sonriente. En la recepción hay una mujer que parece ser tu mano derecha. Te explico que mi intención es la de pasar allí una temporada. Te ríes, pareces contento de verme. Me dices que desde hace tiempo hay una habitación reservada para mí. La mujer me cuenta los detalles y las normas a tener en cuenta durante mi estancia.

El sueño me parece claro excepto por que desconozco el significado de la guitarra. Siento que es una cualidad específica de mi sendero. Deberé mantenerla afinada para cuidar la conexión. Al hacerlo, permaneceré alineada a mi corazón, a los maestros, al Amado.

27 DE OCTUBRE

Perséfone atraviesa
el espejo del agua.
Su bendita timidez
soslaya sus esquirlas
dentro de la almohada.

¡Oh, luz de las mil gracias.
encadenada al eje
del pecho y la garganta!.

NOVIEMBRE

PRIMEROS DE NOVIEMBRE

Una mujer se muere en la cama. Antes me ha dado las gracias por lo que he hecho por ella. De repente comprendo que mi padre se está muriendo en el hospital y debo ir a verlo. Cuando llego descubro que es mi maestro el que está cercano a morirse. Me pide que me siente junto a él, que necesita decirme algo antes de marcharse. Le escucho amorosamente (por supuesto, no me acuerdo qué)

* * *

Las proyecciones tendrán que irse, irán saltando por los aires una tras otra, así es el proceso de individuación. Al final, nada quedará, ni siquiera el maestro. Todo es *faná*, disolución. Todo es vacío.

* * *

Una experiencia en la duermevela: W. parece estar hipnotizándome. Sin embargo, como estoy todavía algo consciente de lo que está pasando pienso que no puedo estar de veras hipnotizada, aunque también comprendo que una hipnosis puede provocar un estado de conciencia similar. W. me hace saber que efectivamente no lo estoy. Me comenta que me encuentro en un estado de ensueño al que suele inducirnos mientras trabaja con nosotros. Lo entiendo. Lo dejo hacer. Me duermo profundamente.

AÑO 2012

ENERO

RETIRO EN LONDRES

Todo es perfecto, todo ha sido y será perfecto. El dolor es perfecto, fue perfecto y siempre lo será. Yo no soy yo, soy Él, soy suya. La niña abandonada no puede seguir acurrucándose en mi alma. No hay nada más que darle, nada con lo que alimentarle. Se acabó. No seguiré siendo lo que siento que los demás necesitan que sea. No puedo permitirlo. Se trata de limpiar el caldero, de dejarlo vacío y listo para que el Amado se derrame en esta vida. La lucha ha terminado. Lloro, no puedo parar de llorar. El amor es demasiado para un cuerpo tan pequeño. El maestro lo siente, siente este momento de gracia.

FINALES DE ENERO: SUEÑOS POST-LONDRES

Alguien me ruega que tome el ascensor para subir al ático de un edificio. Al llegar a la última planta descubro que aún quedan unos pocos escalones escondidos para llegar. El piso es precioso, confortable. Las paredes son de vidrio y el espacio está lleno de una luz y un calor acogedores. Decido quedármelo a pesar de que la amiga que me acompaña desaprueba mi decisión.

* * *

A través de mi amiga, una mujer que es sumamente activa y competitiva (también controladora), el sueño me muestra cómo actúan ciertos aspectos femeninos de mi psique cuando están tomados por un masculino inapropiado. Su presencia me permite saber que cada elección que no sea de su gusto está, por contra, alineada con mi ánima. Mi camino no es otro que el de subir las escaleras que llevan al Amado.

Una sincronicidad: estoy leyendo *Moshkel Gosha*, el cuento persa del allanador de obstáculos que va sobre cómo dejar entrar en nuestras vidas la dimensión transpersonal o espiritual. En la historia una voz le pide al protagonista, un leñador, que cierre los ojos y suba el peldaño de unas escaleras. Cuando él le contesta que no ve ninguno cerca, la voz simplemente le insta a hacer lo que se le pide. Y es que esta riqueza que está dentro de nosotros no es tan fácil de reconocer, ni por lo tanto tampoco sabemos cómo darle un uso apropiado (si nos atenemos a lo que Rumí nos cuenta, ocurre que está tan cerca de nosotros como nuestra vena yugular y es por eso que no somos capaces de verla).

En mi sueño, el primero de los últimos peldaños hasta el ático tampoco se veía desde el descansillo del ascensor. Eso me recuerda que subirlo es un acto de fe, como también lo es en la parábola de la escalera de Jacob. Sin embargo el leñador sufí obedece y lo sube, dándose entonces cuenta de que son más fáciles de escalar de lo que había creído en un principio. Estos peldaños le conducirán a un desierto, a una dimensión trascendente, a un lugar de revelación que pertenece al dominio del sol. En él encuentra muchísimas piedrecitas que expresan la variedad de las manifestación del yo. En esencia, su historia cuenta la relación de todos nosotros con los mundos internos.

Entiendo que los pequeños y hermosos muebles que había por la superficie del soleado ático, el desierto, son una representación de sus pequeñas piedras.

FEBRERO

2 FEBRERO

Sueño con mi primer amor de juventud. Se me aparece como un ángel vestido de fraile franciscano. Está postrado delante del altar de una iglesia esperando a ordenarse como monje. Desde la entrada del templo le grito que no lo haga, no puede hacerlo. Le explico emocionada que siempre le he sido fiel, que nunca dejé de amarlo, y le pido a la desesperada que vuelva conmigo. Me replica que ya le dejé una vez, cuando elegí esposarme con otro hombre. Le pido que comprenda que en verdad nunca me casé porque ese día abandoné a mi alma a la entrada de la misma iglesia. Estoy enamorada de él, siempre lo estuve, jamás lo traicioné. Entonces se me acerca. Me veo hermosa mientras viene hacia mí, tengo una edad indefinida y emito una luz propia. Nos besamos tiernamente como dos enamorados que se reencuentran tras haberse añorado durante mucho tiempo.

* * *

Reconozco la importancia de este sueño. No hay vuelta atrás. El Amado sabe de la sinceridad de mi amor por Él y ha perdonado mi olvido. Hemos sellado nuestro unión divina entre amante y Amado frente al altar.

Siento que he vuelto a casa después de un largo viaje.

10 DE FEBRERO

Estoy coordinando una conferencia pública de W. En el equipo de trabajo también está mi amiga, alias "la organizadora", a la que ya conocéis. Ha venido muchísima gente, entre ella mis padres. Estoy feliz, aunque deseando quedarme libre para ir a escuchar la charla. Cuando por fin lo logro, W. finaliza delante de mí su conferencia y se va de la sala pasando por mi lado sin siquiera mirarme. La siguiente imagen es la de estar viajando junto a un ángel en el metro. Hablamos de que vamos a dedicarnos durante las próximas semanas a viajar por todo el mundo para escuchar las enseñanzas de los grandes maestros (comprendo que él es un aspecto de mi ánimo que me está describiendo una forma correcta de focalizar mi energía yang: facilitándome espacios de escucha y no ya tanto organizando, es decir, dando prioridad a otros aspectos yin que permanecen rezagados cuando no deberían estarlo). Llegamos hasta un lugar en el que W. está dando una charla. Se me acerca serio y me dice que lo que ha pasado antes, es decir, lo de haberse ido justo cuando yo acababa de llegar, ha sido un aviso. Quiere que comprenda que no debo distraerme de lo que de veras importa. Aunque pueda parecerme que muchas de las cosas que hago me acercan a Dios, en especial cuando me doy en servicio, lo cierto es que no dejan de ser un no parar, y por tanto, una distracción. Es todo lo contrario a estar presente y enfocada en la vida verdadera, lo opuesto a ser real.

* * *

Importante advertencia. He dejado el trabajo en prisión, el doctorado, las oposiciones. Estoy inquieta y cansada, dilapido mi energía en tonterías. El maestro dice que, a menudo, antes de encontrar un lugar adecuado para nosotros mismos, nos sentimos perdidos porque hacer más de lo mismo ya no es la respuesta. Lo único que conseguimos entonces es seguir estando fuera, desubicados, pasados de rosca.

Comprendo que la solución no está en seguir haciendo más y más cosas tontamente, más bien en lo contrario, en abandonar esa visión condicionada de que las soluciones llegan cuando las buscamos, a pesar de que las grandes revelaciones solo se nos presentan cuando nos damos por vencidos y humildemente paramos. Lo único de lo que podemos encargarnos es de tener vacía la copa de nuestros deseos para que su cristal pueda llenarse con las gracias de Dios, cuando sea que las arroje sobre nosotros. Después de todo se trata, mételo en la cabeza *Cocoliso*, de confiar.

Se me recuerda que la actitud correcta del discípulo es la de la devoción, la espera, ¡gracias!.

18 DE FEBRERO

Escribo a W. Me quejo de lo difícil que me resulta encontrar la moneda de *Moshkel Gosha*[2] bajo la puerta. Aún así le pido que comprenda que la cruz de mi nombre no es la del Carmelo, sino la cruz pagana que festeja la llegada de la primavera.

* * *

Una sincronicidad: mientras hago el equipaje me encuentro una moneda de diez céntimos bajo la puerta. Me la guardo. Caigo en la cuenta de la moneda del relato y de mi petición a W. Es una sincro, no estoy tarada. Y aunque a veces lo esté ¡Dios no me ha abandonado!.

Me he parado a contemplar la moneda. Es una lira italiana. Sobre ella está acuñada la escena del nacimiento de Venus. Venus, que es la hermana blanca de Perséfone o al revés, Perséfone su hermana negra. Venus, que es el nacimiento del

2 El relato de *Moshkel Gosha*, el allanador de obstáculos (2007) Vaughan-Lee, L. Ed. Obelisco, Barcelona.

amor... Siento que estoy fluyendo, que estoy en la onda, ¡qué bonito!.

Leo la historia de Afrodita, la Venus griega: Pigmalión esculpió la figura de una mujer, a la que llamó Galatea, para que le hiciera compañía. Tal fue el amor que Pigmalión sentía por ella que Afrodita dio vida a la estatua. De este modo Pigmalión pudo casarse con ella y juntos fueron felices. Este mito es el triunfo de lo femenino, de su sensualidad y poder alquímicos, porque Afrodita puede dar vida a las piedras. Sin embargo, el leñador del cuento Sufí a pesar de que recogió unas piedras del desierto no supo qué hacer con ellas. Y he ahí el velo, la distracción.

Esa fue la incapacidad que me llevó a estar como un mono loco tras la vuelta de Hittfeld, sin poder parar ni un momento mientras que a la par me preocupaba y dolía por mi soledad. No dejé tiempo ni espacio para escuchar lo que la energía del sendero tuvo entonces que decirme. Pero ¿qué es lo que teme el ego? ¿teme acaso que deje de sentirme pequeña y de depender de los otros? ¿teme que sea libre?. Perséfone solo se salva porque promete bajar al tártaro cada poco. Yo también soy cabezona, como ella. Me temo que ciertos patrones, en especial los estrechamente relacionados con la fabulosa capacidad que tengo de distraerme, que a fin de cuentas son los que no me dejan que me pare y escuche, están hundidos bien adentro. Como ella, la doncella, quedaré sujeta a la rueda de su eterno retorno.

* * *

Otro sueño: Estoy dando tratamiento en prisión. Viajo junto a los presos en un vagón de tren. Todo el mundo cree que sé tocar la guitarra y quieren escucharme. Sin embargo no me siento capaz, así que se la entrego al conductor. Más tarde voy a comprar un cartón de huevos al supermercado. Todos están con la cascara rota, se deshacen entre mis dedos como plastilina.

* * *

Parece que hay algo entre el Amado y yo que me impide dejar un espacio vacío dentro de mí para Su llegada. Mis patrones, creencias, actos, me comprometen seriamente y no dejan a mi alma afinarse con la vibración del espíritu. Y así dilapido mis dones, mi energía, ¡qué desperdicio!. Luego me distraigo con la idea de que no me siento capaz. Y aunque he contactado con algo auténtico de mi ser durante estos últimos meses, no parece que me lo esté tomando en serio: ni me responsabilizo de ello ni lo honro.

En verdad este sueño muestra mi "decisión" de continuar por la vida a medias, aquí y allí como Perséfone. Parece que mi sendero desaparece por momentos: tendré que bajar cada poco al fondo del mar. Simplemente podía haber tocado la guitarra, pero no lo hice, *¡cuánta arrogancia* escondida tras mis sentimientos de incapacidad!.

MARZO

8 DE MARZO

Estamos en un apartamento participando en una convivencia-retiro con W., que está muy enfadado. Me acerco a preguntarle si es correcta la decisión de matricularme en el doctorado. Me contesta con impaciencia: "¡claro que sí, claro que es el doctorado y no la oposición!". Le hago la mejor comida que puedo hacerle con las cuatro cosas que quedan en la nevera de la casa.

* * *

Mi parte espiritual está hambrienta, necesita alimento, apenas si le queda energía con tanta banalidad en la que pongo mi atención. ¿Dios mío, por dónde se está yendo la gracia del sendero? ¿dónde estoy poniendo mis esfuerzos?. Me estoy desperdiciando en un sin fin de tonterías, como por ejemplo la "oposición", ¿es que acaso la palabreja no es suficiente como para que me dé cuenta de mi equivocación?.

10 DE MARZO

Estoy en una sala muy luminosa. Dos médicos-psicólogos, un hombre y una mujer, me están realizando un test. La doctora me hace unas preguntas a partir de un relato del que ha eludido voluntariamente algunos datos: "¿De qué forma está relacionada la psicosis con la degeneración neuronal en el caso de *X*?" "¿cuál es el síntoma que lo muestra?". Me cuenta el caso: una mujer sale de un balneario en el que ha estado unos días, tras haber pagado en la recepción. No me da más información. Me doy cuenta que hay un detalle fundamental en la conducta de esta mujer que la doctora ha obviado a sabiendas en su declaración, y se lo pregunto: "¿Cómo ha pagado la mujer?". Me responde que con su anillo de casada, que lo ha usado como si fuera una moneda. Comprendo que ahí, en ese acto de tomar la joya solo por su valor monetario, reside toda su confusión e indica su psicosis porque esta mujer no piensa realmente que el dinero y el anillo son intercambiables, lo que le ocurre es que está enajenada. Mi contestación es aprobada por la doctora. He pasado la prueba y estoy lista.

Ahora me encuentro en un estudio de grabación con un músico, un guitarrista. Me está enseñando a tocar una melodía. Se la interpreto sin cometer fallo alguno. Me sorprendo de haberla sacado a la primera, aunque creo que ya la conocía y lo que acaba de ocurrir solo es que la he recordado. El profesor aplaude contento, me dice que todo ha ido perfecto y me voy.

* * *

El dinero no es ni mucho menos intercambiable por el valor del anillo de compromiso (que es el que me une al Amado). La mujer inconsciente, enajenada, no comprende las consecuencias de dejar atrás, sobre el mostrador, su lealtad y sus votos. Aunque de reconocer su error podrá repararlo contactando de nuevo con sus dones para traerlos a la vida. Y al hacerlo estará honrando la relación con una capa genuina y saludable de su psique.

Una parte importante de mi decisión de dejar las oposiciones es haber comprendido que un trabajo no puede valorarse solo por su valor económico sino principalmente por su valor nutricional, es decir, por sus cualidades de cuidado (tal como ya se me indicó en otro sueño). Necesito comprometerme con una actividad que guarde coherencia con lo que soy en esencia (esa unión representada por el anillo que me conecta con mi Yo superior). Buscar la salud fuera de una, esperando que otros le curen en un balneario, no puede ser nunca la solución. Soy consciente de que no puedo sustituir el amor, que es el camino que nos lleva de vuelta a Casa, al Amado, por simples monedas. Comprender que ese error surge desde un estado de consciencia enajenado, es decir, que ha perdido todo contacto con lo Real, cura. Entonces la doctora me da el alta (me indica que estoy lista, obviamente para ser mi propia doctora). Mi femenino solo puede seguir sano y salvo confiando en Aquel al que de veras se ha unido en amor. Entonces, vuelve la unión entre guitarra y guitarrista, amante y amado, y con ella, la armonía, la paz.

MAYO

10 MAYO DE 2012. MADRID

Estoy en la casa de una de las amiga de la tarika. Nos hemos ido a dormir. A mí me ha tocado el sofácama del salón. Las demás están en los cuartos que dan al otro lado del pasillo. Al fondo veo a W. hablar suavemente con su maestra. Ella le susurra que se va hacia los cuartos donde mis compañeras duermen. También que él se vaya para donde yo estoy porque "mi alma es trabajo suyo", le dice. W. llega hasta el pie de mi cama improvisada, me toma de las manos y me dice amorosamente que nunca me ha abandonado ni nunca lo hará.

11 DE MAYO

Duermo. Junto a la cama W. me enseña a cocinar un pastel andalusí ultra calórico de miel y almendras. Estoy contenta. Comprendo que estoy nutriendo bien mi parte espiritual. Parece que poco a poco voy aprendiendo a poner la energía en el sitio correcto.

JUNIO

6 DE JUNIO

Hace un par de días soñé con la inauguración del Cortijito. Había mucha gente. Pensé que era el mejor momento de dar a conocer "Todo lo sabe la tierra" que es mi oda a la madre tierra y a su amor por nosotros. Ella me ha dejado el usufructo de este trozo de sí misma y me parecía un buen momento para agradecérselo. Sin embargo, antes de que pueda decir nada un hombre presuntuoso se me adelanta con una exhibición de un audiovisual en el que cuenta la historia de su propia transformación o evolución, que por cierto no es nada interesante, pero tiene la suficiente cantidad de efectos visuales como para embaucar a la gente, que aplaude entregada al final de la proyección. Salgo de allí cabizbaja con mi libro bajo el brazo. Le pido a un amigo que me acompañe a otro sitio. Con nosotros se viene una chica de la fiesta que no conozco: es joven y alocada y mi acompañante se siente atraído por ella. Me entristezco y me marcho sola.

* * *

Un aspecto de mi masculino se sabe lo suficientemente fuerte como para tomar el control de un momento tan importante para mi femenino, como es el de su hermandad profunda con la tierra, y dejarlo en un segundo lugar. Sabe que de apuntarse este *round* la tendrá sometida durante un tiempo. Y se la traga... devora, casi literalmente, a esa mujer sabia que tiene una conexión con el *anima mundi*. Ante él me siento tan poca cosa que hasta mi pareja ve más atractiva a una desconocida. ¡Cuán profunda es la raíz de mi grieta!. Sin amarme, no hay mandala posible y la danza de la vida se empobrece.

Pero también hay algo verdaderamente interesante en este sueño, me refiero a una pista clave: cuando el hombre que me hace sentir poca cosa toma el protagonismo mi respuesta a la sensación de pequeñez e inadecuación que me provoca es la de desaparecer de la vista de todos, la de quitarme de en medio, huir, aislarme... Y al hacerlo no estoy sino alejando de mí toda posibilidad de solucionar las cosas, que es lo que de verdad se me está pidiendo para estar a la altura de la situación, en igualdad de condiciones. Es importante que estoy comenzando a darme cuenta que esconderme o aislarme es una distracción (puede que la madre de todas ellas). Al hacerlo no solo me denigro a mí misma, también a todas las mujeres y a la madre Tierra.

10 DE JUNIO

El vecino de la casa de abajo de cuando era pequeña viene a verme. Entre otras cosas, me recuerda que es dentista. Antes de irse aprovecha para decirme que se ha quedado libre el sótano de su casa y que puede arrendármelo (de pequeña fantaseaba con vivir allí). Aunque estoy bien en la casa actual pienso que no pierdo nada por ir a verlo. A este sótano se llega atravesando a su vez el sótano de la casa en la que vivo, que también es de su propiedad. Comenzamos la visita: no me parece que esté mal, es todo azul y pienso que habrá que pintarlo de blanco para que sea más luminoso. Es más o menos grande y podría valerme. Estoy casi convencida, cuando me fijo en que la pintura de la pared está hecha cachos. En verdad me doy cuenta de que toda la casa está bastante dejada. Comprendo que los últimos inquilinos no la han cuidado bien. En la cocina hay una paellera aún con restos de arroz. Pienso que esa comida es asquerosa y decido que no voy a alquilarlo.

* * *

Los dientes representan partes de la psique en evolución y su caída o extracción o retardo, refleja en última instancia inseguridad, una ristra de complejos. La casa idealizada de la infancia ya no me vale. No es lo que parece, no me alimenta. Los años no la trataron bien: está revestida de una pátina de dejadez y de polvo y ha dejado de ser una casa deseable. Tuvo su interés como una fantasía, un lugar de evasión y de escape de la niña. Hoy me doy cuenta que muchas de mis ilusiones han jugado al servicio de mi aislamiento y las comprendo como lo que son: una sarta de viejos hábitos emocionales con capacidad de reavivar mis sentimientos de inadecuación e incapacidad, de hacerme sentir merecedora de nada. De haber alquilado el sótano me habría quedado encerrada allí.

Mi hogar está en otro lado: seguiré deconstruyendo los cimientos de mi vida y ya veremos dónde la encuentro (si es que lo hago). Desde luego no está aquí, en el pasado.

Este sueño me ha traído a la memoria a Teresa de Jesús cuando dice: "El diablo nos hace creer que estamos en humildad cuando en verdad es pusilanimidad, cobardía: hay que celebrar las mercedes que el señor nos da, las gracias". Hay que festejar la luz. La clausura no es humildad, es simplemente vanidad, miedo disfrazado de ascetismo, distracción terrenal, porque la verdad es que es terrible, lo devora todo. Mucho cuidado con este tipo de fantasías.

19 DE JUNIO

Querido W.

Solo unas pocas palabras para hablarte de la manera en la que el amor está empezando a ablandar las durezas de mi corazón enterneciéndolo. Tu última charla en la que afirmas que "el amor siempre está presente" comienza a cobrar vida en mi cuerpo de una forma tranquila, gentil, sosegada. No es solo que la vida me está dando regalos, tal como solía hacerlo después de periodos de gran sufrimiento. Es como si mi alma pudiera ahora confiar y descansar, gracias a esta inédita serenidad que tiene que ver con el hecho de haber comprendido que no hay mucho que una pueda saber, hacer, luchar. Solo nos es posible agradecer la bondad y misericordia infinitas de la vida. ¿Qué otra cosa mejor hay sino la de maravillarnos? Me vienen las palabras certeras de Teresa de Jesús, a quien leo estos días. Ella solía decir que "parece que es humilde no entender que Dios siempre nos está dando dones. Primero, hay que entender bien que Dios nos los da sin mérito alguno de nuestra parte. Después daremos gracias por estos tesoros a Su Majestad: porque si no sabemos que estamos recibiendo no despertamos al Amor."

Gracias por tu guía y protección.

JULIO

10 DE JULIO. SUECIA

Voy a un seminario con W. Todos estamos vestidos de blanco, sentados en pupitres de madera. Nos explica que va a hacernos una prueba. Siento una mezcla de miedo y respeto. Parece que seré el conejillo de indias. El experimento consiste en mover un objeto con la mente. Me cierro en banda, tengo claro que me va a resultar imposible. Comienza el ejercicio y escojo mover algo extremadamente ligero. Tomo el rabito de una cereza de un cesto de fruta y lo sitúo frente a mí sobre el tablero de la mesa. Mi sorpresa es formidable cuando me doy cuenta que lo estoy moviendo sin dificultad. Plena de alegría les digo a mis compañeros: "es muy sencillo, no os preocupéis". Los demás me cuentan que ninguno ha podido hacerlo. Me quedo pasmada.

* * *

El sueño coincide con unas jornadas de trabajo en Suecia, en especial con la tortura que estoy sintiendo debido a mi inseguridades para hablar en público y mucho más en inglés. He pasado unos días en pánico sintiendo que no puedo aportar nada al grupo. Sin embargo, he seguido adelante, en especial después de este sueño que ha renovado mi confianza. Siendo humilde, tomando tareas pequeñitas y poniendo toda mi mejor intención sobre ellas, podré hacer cosas asombrosas, al menos las que la vida me pide. A estas alturas he comprendido que Dios también se expresa a través de nosotros restringiéndonos. Con el tiempo tendré que asumirlo aunque solo comprenderlo ya me está ayudando a darme cuenta de que los proyectos han de ser realistas, estar plantados en la tierra, si es que no queremos dilapidar nuestra abundante energía y que nuestros esfuerzos no lleguen a ninguna parte.

He escuchado una voz sosegada que decía “puedes hacer lo que quieras”.

SEPTIEMBRE

5 DE SEPTIEMBRE. POST-HITTFFELD

El maestro medita tras una cortina blanca levantada por el viento. Es una imagen bella, fuerte, poderosa. El maestro está vacío y es real. Definitivamente está más allá de cualquier idea o proyección.

9 DE SEPTIEMBRE

De nuevo hacía la primera comunión, ya de mayor. Mi relación con el Amado está atravesando un buen momento.

21 DE SEPTIEMBRE

Algunas cosas que han pasado estos días me han alineado con la cuestión del nombre 'astral' o energético, aquel con el que el Padre nos conoce, aquel sobre el que está escrito el destino de nuestra alma, aquel que es nuestro verdadero nombre.

No hablo de algo raro ni de una minucia sino de algo habitual y básico. Así que me pregunto una y otra vez "¿cuál es el nombre que Me has dado?".

Esta mañana, mientras tomaba el té mirando una de las charlas de W., *Nueva danza arquetípica*, veo que el maestro contesta la pregunta de una mujer de la sala que guarda relación con eso. Le dice: "Sí, todos tenemos un nombre sagrado con una vibración determinada". Luego le mencionas los 99 nombres de Dios de los que habla el Corán. Eso me hace recordar que el hombre-verde me nombró como la 99... ¿Es esa mi danza arquetípica? ¿ la paciencia de As Sabur el Paciente?

OCTUBRE

5 OCTUBRE 2012

W. y su guardaespaldas espiritual nos reúnen a un grupito de discípulos en el campo –somos cinco en total–. Vamos elegantemente vestidos de blanco. Recuerdo que llevo un traje de gala compuesto de un corsé con pedrería dorada y una falda de gasa voluminosa. Subimos una montaña. Pasamos por diferentes alturas y paisajes. Poco antes de llegar a la cima paramos a descansar en un alpe. Me alejo del resto del grupo, me apetece sentarme sobre una roca que empieza a iluminarse con los primeros rayos del alba. Sin embargo W. y su ayudante insisten en que me acerque a escuchar por qué estamos allí: todos vamos a recibir una iniciación fundamental. Primero se nos mostrará nuestro espíritu (de una forma determinada a cada uno de nosotros). Luego entrará en nuestro cuerpo a la altura del chacra corona.

Me parece inverosímil, no termino de creérmelo. Nos ponemos de nuevo en marcha a través de un pequeño sendero desde el que llegamos a un bosque de abetos donde nos dispersamos. Entre los árboles, flotando en el aire, puedo distinguir una lucecita roja anaranjada circular formada por círculos concéntricos a la que reconozco como mi espíritu. Al momento se sitúa sobre mi cabeza introduciéndose en ella produciendo una suave y cálida vibración acompañada de un leve chasquido. El maestro me mira con complicidad.

Hay un compañero al que le están dando indicaciones muy precisas debido a que su caso es un poco más complicado. Parece que él tendrá antes dormirse... El camino de vuelta es puro gozo y alegría.

NOVIEMBRE

4 DE NOVIEMBRE (EN EL CORTIJITO)

Esta noche he soñado que mi hijo está secuestrado en un gran complejo de lujo: jeques árabes, mujeres exuberantes, alcohol, un ostentoso casino... El lugar tiene varios *spas*, piscinas y jardines. Comprendo que hay que salir de ahí cuanto antes. Voy a buscarlo a su cuarto. Llevo, como escudo, las mantas y sábanas blancas que le he quitado a mi cama. Encuentro a mi hijo en la cafetería del restaurante. Sé que todos saben que he venido a llevármelo, así que tendré que ser rápida y hacerlo antes de que me lo impidan. Al principio no quiere venir conmigo, parece que está deslumbrado con todo lo que ve a su alrededor, así que tengo que ponerme bastante seria y firme. Le hago comprender que si no me acompaña no verá más a sus amigos ni podrá volver al cole. Parece que entra en razón. Salimos rápido mientras todos nos observan. Sé que más pronto que tarde vendrán a por nosotros por lo que tenemos que ser muy eficientes, no cometer fallos. Atravesamos el complejo hasta llegar al jardín, en donde he dejado el coche (mi seat amarillo). Ellos no cuentan con que lo he metido hasta allí porque está prohibido hacerlo, excepto para los residentes. De camino al coche, mi hijo se coloca unas sandalias romanas. Sin ser especialmente buenas para correr al menos le protegen sus pies descalzos. Logramos salir antes de que nos alcancen.

* * *

El complejo es mi ego. Sé reconocerlo en mis sueños: el otro día era un peluche extraño. Mi hijo es un elemento masculino, aún bastante puro, expuesto a ser seducido por el mundo psíquico de mi portentoso masculino, y extraviarse. Mis recursos para sentirme segura en sus habitáculos y salir indemne son el escudo de mantas blancas (el símbolo Sufí) y el coche amarillo (el color del sendero). Al final logro rescatarlo de la ilusión en la que se encontraba: un mundo deslumbrante que parece atraerle, pero que sin embargo le aleja de su vida cotidiana y real.

DICIEMBRE

PRIMEROS DE DICIEMBRE

W. va a visitarme a mi casa de la infancia. Llega junto a un niño de la mano. Me explica que debo aprender la manera en la que el infante suspira por el jugo de la uva.

* * *

El vino simboliza la sustancia divina en el misticismo, de hecho los Sufís son conocidos como "los borrachos de Dios", de un Dios que no se cansa de decir una y otra vez que solo siendo niños podremos entrar en su reino. Comprendo que es crucial que mi hijo, una firme promesa de mi futura madurez espiritual, siga siendo real. Hay que cuidar especialmente esas partes jóvenes de la psique recién llegadas a través de la energía del sendero.

AÑO 2013

ENERO

22 DE ENERO. LONDRES

Estoy en el aeropuerto de Málaga esperando embarcar rumbo a Londres. Voy al seminario sufí. Me ha costado decidirme venir, me ha supuesto un reto. He tenido que contarle a mi madre y a mis hijos a lo que iba.

Estoy abierta a la aventura. La vida de un sufí es la de un viajero que con poco encima (solo una manta blanca) va a donde su maestro le llama. Quién me lo iba a decir a mí, cordobesa de pueblo... ni siquiera me molesté por saber más de Averroes, de Ibn firmas, de Ibn Arabí, de Fátima... Estoy contenta de estar aquí a pesar de haber tenido que dejar la ropa tendida ayer a las doce de la noche, al gato solo en casa pendiente de que vayan a cuidarlo, al perro en el hotel de perros, a mis hijos con sus abuelos, al coche en el aparcamiento ¡ay, qué cansada estoy! ¿cuándo llegaré al hotel para acostarme?. Llevo dos días en los que casi no he dormido.

El avión sale con varias horas de retraso. He llamado a mi amiga para que avise en el hotel, no sea que cuando llegue no haya nadie en la recepción para abrirme. Parece que Londres está muy nevado, y aunque pasaré frío me apetece disfrutar de la ciudad cubierta con un manto de nieve. Tengo ganas de llegar, a pesar del palizón de viaje que me estoy dando (por lo pronto dos horas en Málaga esperando a que en Gatwick deje de nevar un poco para que podamos aterrizar).

DÍA 1

W. habla sobre el mundo arquetípico como la puerta de entrada a los mundos interiores. No son una imagen del ego, no obedecen a una impresión o a una construcción, es un mundo *per se*, una sustancia aparte que existe y se expresa en símbolos. Los símbolos de la nueva era van a cambiar. La cruz tornará a su significado original de cruce entre el cielo y la tierra y se despojará del significado católico de la crucifixión. Su simbolismo está cambiando en estos tiempos desde la polarización y el conflicto hacia el círculo y la integración. Ese es el viaje que nos espera a todos como humanidad.

Alguien preguntó sobre los nombres de Dios y W. los describió como el mundo arquetípico del Corán. Sin embargo, son sólo eso: una llave de acceso a los mundos internos. El identificarse con cualquiera de ellos, ya sea a través de un sueño, una sincronicidad o una meditación, solo es un apunte del camino específico que está llevando al caminante a la puerta del Yo superior, al hijo pródigo de vuelta a casa, por eso no debemos apegarnos a ninguno. Así que el número 99 de mi sueño es una clave sobre cierta cualidad de mi sendero. Está relacionada con mi paciencia de Dama de Elche. Una vez dentro de los mundos internos, no hará falta.

W. me saludó cuando pasó por mi lado. Se giró, me buscó y me dijo "Hello", ¡qué alegría!.

* * *

Una coro de hombres y mujeres canta. Uno de ellos se me acerca. Me da la llave dorada que sirve para entrar en el mundo arquetípico. Me indica cómo hacerlo: "Recuerda... tienen un significado subjetivo, cada uno los articula desde su Sí mismo, así que son relativos". Este mensaje me resuelve algunas dudas concretas. Uno de los dilemas que tuve antes de ir a Londres estaba relacionado con si es o no correcto trabajar desde mi consulta de psicoterapia con el mundo arquetípico de otros, ¿es honesto?. Diría que sí (con las precauciones necesarias).

DÍA 2

Una de las preguntas que más me he hecho durante estos meses desde mi vuelta de Hittffeld ha sido "¿por qué el maestro no nos habla sobre la multidimensionalidad de la consciencia?”. Sé que esa es su naturaleza, lo sé por intuición y porque solo así se comprenden muchas cosas a las que no podemos dar una respuesta razonable.

W. ha hablado hoy con una claridad meridiana sobre los mundos internos. Una vez abierta la puerta que lleva hasta ellos, gracias al contacto con el mundo arquetípico, entramos allí. Entonces se requiere una iniciación. Estamos en los mundos internos cuando el alma se reconecta con el Yo superior. Lo sentimos como un despertar de la consciencia, aunque todo es mucho más profundo y esotérico.

Los mundos internos son permeables, interactúan entre ellos y con el mundo físico, que al ser el más denso de todos es con el que nos identificamos. Pero ¡ojo! los demás están vivos en todo momento. Llegar a ellos en los sueños es muy normal porque al dormirnos estamos tranquilos y relajados, aunque lo cierto es que interactúan todo el tiempo con la dimensión más burda de la vida. En los mundos internos no hay tiempo ni espacio, todo ocurre a la vez.

Luego se refirió a una experiencia de canalización que él vivió y su reflexión compartida sobre ella fue la de que por ahí entra de todo porque en los planos interiores la energía oscura se siente atraída por nuestra luz. Sus entidades ven cómo brillamos e intentan apoderarse de ese sol. También habló de los reinos angelicales, que son los que están más cerca de Dios. Ellos son luz y no pueden comprender que el ser humano se complique tanto las cosas. Lo maravilloso en la vida del místico, y en especial de la del Sufí, al que W. ha definido como el viajero de los mundos internos, es que puede hacer consciente esas otras dimensiones en su día a día. Pero obviamente esto requiere un largo trabajo.

La visión que te ofrece la entrada a los reinos interiores, es decir, a la muldimensionalidad del alma, es la visión del Uno: la tierra, los animales, las personas, las piedras, todo somos uno. Esta sensación de unidad la comenzamos a experimentar en la experiencia física a consecuencia de este hecho espiritual.

¡Qué pasada!

* * *

Estaba sentada en la escalera junto a una compañera del grupo español comiendo y charlando distendidamente. El maestro se ha acercado y nos dado un gajo de naranja a cada una. Estaba muy rica. Se da la circunstancia que poco antes había mirado a su naranja con gusa… A la vuelta nos ha dejado la cáscara para que la tiremos, y es que todo lo que nos ofrece la vida conlleva una responsabilidad si lo tomamos.

Luego me he encontrado con su guardaespaldas espiritual, de quien por cierto hemos hablado bastante mis compañeras de habitación y yo puesto que algunas de ellas son de su grupo. La he saludado alegre. Me ha contestado, también de buen humor y luego me ha preguntado "¿eres Manas?". Le he afirmado sonriente (manas, un término que, por cierto, tiene su interpretación esotérica). Inmediatamente ha rectificado y me ha dicho ¿Manas..., Cruz? y yo le he dicho, sí. Entonces me vino la charla de W. del día anterior sobre la cruz en tanto que arquetipo paradigmático de la de la transformación global que está por venir, y claro, símbolo también de mi propio camino.

He conocido a una chica suiza. Parece algo insociable, ¡pero quién no lo es durante los retiros! todos lo somos a nuestra manera. El primer día conectamos más o menos bien pero hoy me rehuía. Creo que es a raíz del desayuno, cuando le intenté explicar con mi rudo inglés que mi nombre representa la cruz de la primavera, la pagana, la de las flores, porque nací un 3 de Mayo, y no de la de octubre, la católica, la de las lágrimas. Por supuesto no me entendió, ¡quién me manda meterme en ese jardín!. Yo tampoco tenía ganas de darle demasiadas explicaciones así que frustrada me subí al cuarto. Más tarde, tuvo que adelantarme dinero para subir al bus, y he adquirido con ella una pequeña deuda, exactamente 2,40 pounds, lo que no me hace gracia. Por la tarde nos hemos acercado un poco. Me habló de la acompañante de W., con quien no parece llevarse bien en estos momentos. Le he contado mi sueño de la noche pasada en el que precisamente esa mujer se empeñaba en hacerme una foto junto al resto del grupo. Parece que no le ha hecho gracia el comentario.

La compañera española me ha comentado que debía hablarle a W. sobre el sueño del martillo golpeando el libro que en su día le conté. El martillo, por cierto, es uno de los símbolos masones. Se refería a un sueño de hace muchos años que me mostró un aspecto significativo de mi vocación en esta vida. Por entonces aún estaba haciendo el bachiller. En él subo a las aulas superiores del instituto. En una de ellas hay un libro muy antiguo y voluminoso de color dorado. Alguien que no distingo lo abre para que lo observe. Las letras, en una caligrafía antigua, son doradas. Veo que un martillo golpea sus páginas. Leo, "La vida del Iniciado es Piedra Bruta, que debe llegar a ser Piedra Cúbica, pero esencialmente es búsqueda".

El libro, que es un símbolo del universo, de la creación, habla de todas nuestras vidas. El martillo, como sirve para pulir lo bruto de la piedra, ayuda al iniciado a modular su carácter e iniciarse en la sabiduría con el fin de ayudar a los demás. Algo en esa descripción me recuerda a la cualidad principal del nombre 99 de Dios: el paciente, el más paciente. También a mi Marte en tauro en la casa 6.

De vuelta en el aeropuerto abro un libro que me había llevado al retiro para leer pero que ni siquiera tuve tiempo de mirar… ¡acabo de descubrir que es un libro sobre el simbolismo Sufí de la Cruz escrito por un Sheikh!. Contiene un capítulo completo dedicado a las "manas". ¡Pero qué mágica se hace la vida cuando traemos impregnado el olor de un sendero recorrido por tantos hombres y mujeres santos! ¡cuán entrelazados están el viaje del alma y el de la vida cotidiana! Sin duda que en una sincronicidad se queda al descubierto la evidencia de la multidimensionalidad de nuestra existencia.

FEBRERO

7 FEBRERO

Esta noche me desperté a las cinco en punto y me puse a meditar. La cena me había destrozado horas antes el estómago. Comencé con el mantra, el nombre de Dios, hasta que entré en una especie de sueño una octava más alta que el sueño mismo. Entonces tumbé la cabeza sobre la almohada.

Me despierto en una cementera frente a unos grandes contenedores hasta los que están llegando camiones de la basura para descargar sus residuos. A pesar de que hay bastante gente trabajando allí me muevo entre ellos sin que nadie parezca verme. Voy cargada con dos bolsas de basura para reciclar. Después de dejarlas en el contendor correspondiente me voy a explorar el sitio. Llevo unas botas beige nuevas. Se me embarran las suelas y me preocupo porque no quiero que se me estropeen. Me paro a limpiarlas, me alegro de que el barro sale fácilmente. Ese suelo enfangado me hace comprender que estoy en una entorno a medio hacer en la que los límites con la realidad física son borrosos. Continúo mi exploración. Al fondo están W. y su maestra viniendo hacia mí. Me explican que estamos en otra dimensión y que no estoy dormida. Me encaja porque todo aquí es muy vívido, lo siento como una experiencia más real que la propia vigilia. A pesar de saberlo les pido que me den una prueba de que este lugar existe. Me dicen que cuando me despierte me daré cuenta. Intento hacerlo pero mi cuerpo está paralizado. Tengo que estar tranquila, no va a pasarme nada, estoy protegida por mis maestros. Vuelvo a intentarlo con toda mi energía hasta que logro mover mi cuerpo sobre la cama y volver de donde sea.

* * *

Esta experiencia, que tiene que ver con la importancia de cuidarse el cuerpo, guarda una enseñanza muy clara para mí y es que del estado del instrumento así resultará el viaje. Mientras más limpio será más sutil. Hoy la cosa ha ido de tirar la basura, no ha podido dar más de sí.

MARZO

MEDIADOS DE MARZO

Estoy perdida y casi desnuda (sólo llevo un echarpe beige claro por encima) en medio de una gran ciudad. Llego a un hotelito en donde está reunido el grupo Sufí. W. aparece diciéndome que hoy va a enseñarnos algo muy especial, pero siento vergüenza de la escasez de mis ropas y decido ir rápidamente a buscar una chaqueta. Tengo la inquietud de que cuando regrese se hayan ido. Efectivamente a la vuelta no hay nadie.

* * *

El sueño habla de la pobreza del corazón como destino del discípulo. El viaje consiste en despojarse de todo lo superfluo, quedarse solo con una manta blanca, el símbolo del peregrino Sufí. Todo lo demás sobra, es distracción.

FINALES DE MARZO

Una imagen: W. destroza el cacharrito de la calefacción que tanto me gusta encender para calentarme los pies mientras estoy trabajando frente al ordenador. De nuevo: tengo que salir de esa zona de confortabilidad que me aísla de la vida, que me deja mirándola tras la ventana en vez de disfrutándola.

MAYO

MEDIADOS DE MAYO

En meditación W. me comenta que lo estoy haciendo bien, que las cosas van por donde deben ir.

* * *

Otra imagen: el maestro parece un ángel. Lleva una túnica blanca. Se dirige hacia mí. Me da un beso a la altura del tercer ojo, la glándula pineal. Al hacerlo sale de su boca una luz trémula, un aliento que penetra suavemente en la mitad de mi frente. Lo siento atravesar mi hueso frontal como una vibración cálida y apacible acompañada por un leve chasquido.

Esta experiencia tiene su valor. Es una iniciación, la activación del segundo chacra.

JUNIO

8 DE JUNIO

En el sueño W., que viste una bata blanca sanitaria, para el flujo de mi sangre con un escalpelo. Hay alguien junto a él ayudándole. Me explica que como en mi caso tengo menos tiempo que otros para recibir (e integrar) las enseñanzas del sendero debido a mis obligaciones cotidianas, la técnica tiene que ser conmigo más intensa. Además, apunta, no queda demasiado tiempo.

* * *

He encontrado esto sobre los Naqshbandi, sobre su sendero de silencio que ahora también es el mío. Dice así: Este es el significado del término 'Naqshbandi'. Se refiere a la capacidad de imprimir información dentro de tu corazón y de tu alma mediante la luz. Esa luz (la del Sheikh) vendrá y cauterizará tus deficiencias. Los doctores acostumbran a usar escalpelos calientes para sellar los lugares por donde cortan, como modo de parar el flujo de sangre cauterizando los tejidos. La luz del Sheikh tiene un efecto similar sobre el cuerpo espiritual.

Hoy he estado enferma. Con la tripa revuelta, muy malita. Por supuesto, nuestro ego se resiste a esta purificación.

20 DE JUNIO

Un joven me está esperando en el interior del portal de una casa. Cuando lo atravieso se dirige hacia mí para decirme que me invita hacer un cambio. Aunque entiendo que no tengo más remedio que hacerlo, me alejo de él asustada. Cojo mi coche y al girar la esquina llego a una plazuela del pueblo de mi niñez. Están festejando una verbena y hay gente por todas partes. Me da miedo atropellar a alguien. De repente, una niña con el cuello atado a una cuerda, cae rodando por el suelo en mitad de la calle, y el coche, que soy incapaz de frenar, la atropella. Siento cómo paso por encima de ella y me horrorizo por el dolor y las heridas que le he debido causar. Logro parar el coche como puedo y salgo a ver cómo se encuentra. Tiene sangre en la cabeza, pero increíblemente parece que su estado no es grave. Las dos nos abrazamos llorando. Nos besamos. Le digo que la quiero, ella me responde lo mismo, que me quiere. Comprendo que el amor de la una por la otra es incondicional, es el amor del Uno, nada es bueno o malo, sólo hay experiencias necesarias. Ella me da las gracias: en su destino aparecía escrito que tenía que ser atropellarla y yo me he ofrecido a cumplirlo. Todo lo que ha pasado ha sido un acto de amor y jamás he sentido uno tan grande como ese. Somos una, todos somos todos. Dios es El que es.

* * *

El viaje que anticipa el joven del portal, que es el símbolo de la transformación, es el de un paso más allá de la dualidad hacia el Uno. La soga en el cuello de la niña representa el destino al que está atada en esta vida, uno del que no podrá liberarse hasta haberlo cumplido (para lo que necesitará a alguien que se ofrezca a hacer ese servicio). El amor es desinteresado, incondicional, el amor simplemente es.

21 DE JUNIO

Estaba en meditación profunda. Ha sonado un ruido eléctrico en mi cabeza que ha comenzado a vibrar.

JULIO

SEGUNDA SEMANA DE JULIO. BLEVIO, ITALIA

He soñado con mi abuelo paterno, al quien no conocí, diciéndome que para afrontar lo que se me viene encima tendré que buscarlo hasta dar con él (y sus ancestros). Me explica que una mujer de la familia me ayudará en la tarea. De alguna manera llevo su destino dentro de mí. Es curioso que estaba destinada a tener su nombre, pero me rebelé de todo eso al retrasar mi nacimiento y venir al mundo el día que me dio el nombre que llevo.

* * *

Esta noche me he despertado con contracciones de parto. Dolorosas, claramente contracciones de parto. Pensé en ir al hospital, pero comprendí extrañamente que lo que me estaba pasando tenía que ver con la kundalini de la tierra. La tierra me ha venido a ver estos días. Se ha asomado al jardín de la casa familiar. Aquí mi intimidad con Gaia se me está haciendo evidente. El jardín de Blevio es un inmenso útero.

Esta es una de las historias 'canalizadas' estos días:

LA CAMELIA

Mi educación emocional no tiene nada que ver con las camelias. El clima seco, soleado y caluroso de los paisajes de la infancia las ha catalogado como flores difíciles, poco tratables. Como mucho, recuerdo la obra de Dumas, *La dama de las camelias*, por la peli de Cukor, pero desconozco el tipo de árbol y la propia flor que tanto lo afama. Y sin embargo, mirando al magnolio, dije "La camelia es una de las flores que más amo".

Freud llamaba a este tipo de equivocaciones significativas "lapsus linguae", "actos fallidos". Por ellos, el inconsciente nos lleva a decir aquello que conscientemente no estábamos pensando, de ahí que en su esencial ingenuidad haya algo de verdad.

¿Por qué camelia y no magnolia?. Cuando terminé de pronunciar mi frase con el "más amo", mi acompañante me dijo saltando de alegría de su silla: "Esa era la flor que mi madre más amaba, la flor cuyo nombre he estado intentando recordar sin éxito durante estos días"

Así pues ¿qué verdad emergía de mi propio desliz? ¿en qué capa yacía el significado de este nombre, "camelia", más allá de la propia apariencia que hacía parecer a mis palabras una mera equivocación?. A todas luces, el error no era tal: se acababa de resolver como una coincidencia asombrosa, una sincronicidad, por lo que la respuesta a tales preguntas se debía encontrar en otras capas más profundas de experiencia que las supuestamente explícitas de la consciencia cotidiana.

¿Yacía su origen en la propia desmemoria de mi compañero, en su "punta de la lengua" y, por tanto, había yo conectado y rastreado telepáticamente su almacén de hilvanes biográficos'? y en ese caso, ¿cómo pude yo "leer" algo que pertenece a un individuo supuestamente separado de una misma? ¿cómo pude adivinarlo?. Pero ¿es que en realidad estamos separados entre nosotros?, ¿es que acaso la consciencia una vez que es capturada por un cuerpo se queda a solas, restringida de lo que le rodea? ¿no será que la consciencia lo puebla y lo permea todo y que lo que entendemos por ella no es sino un concepto limitado que la asimila a la identificación cognitiva de una forma con respecto a un todo al que cree observar?... Yo dije "camelia", cuando quise decir magnolia. Él quería decir camelia, pero no pudo decirlo, ¿o sí? ¿pudo hacerlo a través de mí?

Aún podríamos ir más profundo, escarbar el sustrato de suelo que asienta la espina vertical del tronco del árbol... El amor que sentía la madre a las camelias existió aún antes que nosotros mismos lo hiciéramos consciente en tanto que criaturas, en apariencia separadas si bien en esencia unidas, y forma parte de la memoria de ese mismo árbol, también una criatura viva. Fue ese mismo amor suyo el que hizo posible que el árbol que teníamos frente a nuestros ojos se irguiera en el jardín con tal delicadeza que nos llamó a su encuentro, al encuentro aparentemente extraordinario de la sincronicidad.

¿Acaso la madre ausente aún seguía presente en la consciencia del árbol? ¿acaso aún prendía de sus ramas y flores maravillándonos y sorprendiéndonos?. En ese caso ¿puede la vida, el principal fenómeno de la existencia, tener un principio y un final? ¿son sus seres criaturas limitadas a vivir una experiencia de tipo temporal? ¿no será que la vastedad de la consciencia trasciende las formas separadas y temporales en las que ésta se encarna?

Y por último, bajo nuestros pies, queda la madre tierra, aparentemente silenciosa, acogiéndonos en un abrazo total que no muestra diferencias. Porque aquí no hay nada sino ella. Todo lo que ha sido, es y será, es ella.

22 DE JULIO DE 2013. LANJARÓN

Ha venido una de mis compañeras de tarika a visitarme a la montaña. Estuvimos hablando hasta las tantas de nuestra relación con el sendero. Su presencia refuerza mi conexión con la Tierra. De hecho hoy he soñado que las dos nos dedicábamos a curarla lanzando conjuros en una lengua extraña. Era agotador

* * *

Luego me he despertado en mitad de la noche con un calor intenso en todo el cuerpo. Una voz interior me explicó que se nos está dando la energía que necesitamos para finalizar nuestra labor.

27 DE JULIO. CÓRDOBA

De nuevo estamos trabajando juntas. Esta vez la tarea va de absorber las malas energías y darles luz. He sentido claramente que una energía oscura llenaba todo mi cuerpo al inhalar, y cómo después, ya luminosa, la exhalaba. W. viene y me dice que eso es una parte importante de nuestro trabajo.

AGOSTO

15 DE AGOSTO

Quiero mudarme con mis hijos a otro lugar. Quiero ver el agua, el río, la iglesia... En nuestra nueva casa un joven me dice cuáles son las plantas que van a sobrevivir: las de temporada, las floreadas, no continuarán porque el clima no es el más adecuado. Pero el olivo, saldrá adelante. Observo todo con una especie de rejilla sobre mis ojos. Es como si no quisiera estar demasiado expuesta frente a él. Lógicamente continuará vivo lo que tiene una raíz profunda, pienso.

Ahora este joven me acompaña hasta una tienda de discos. Quiero encontrar la canción de mi adolescencia, la de *Los Pecos* "Háblame de ti... Si comprendes que el amor es todo". Me dice que hay una guitarra estupenda, muy moderna y sofisticada, que vale como la de toda la vida. Aunque contiene mejoras tecnológicas (un ordenador) suena igual que una guitarra clásica. ¡Esa guitarra es para mí!. Le digo que no tengo dinero para comprarla. Me responde que para los casos como el mío hay unas de segunda mano que están como nuevas (siento que no guardan ningún rastro del dueño anterior). Le digo que ok. Me siento feliz. Le acompaño hasta el mostrador en donde está el hombre que me la va a entregar. Tengo miedo de que en el último momento de que no me la entreguen. Creo que será más correcto quitarme la rejilla que llevo sobre los ojos para que el encargado pueda reconocerme. Me mira y mira en una hoja. Le comenta al chico que me acompaña que es correcto: hay una guitarra reservada a mi nombre. Le pregunto que cómo es que la hay si no recuerdo haberla reservado. Me contesta que está reservada desde el principio, no hay dudas sobre eso y me indica que pase a recogerla en una dos semanas y media (cuando, por cierto, tendrá lugar el próximo retiro en Alemania). Nos vamos.

* * *

Algo importante se acerca. Por fin voy a tener mi propia guitarra, y encima optimizada. El retiro de Hittffeld va a ser interesante y nutritivo.

16 DE AGOSTO

El centro sufí me ha contestado: esta Navidad no habrá nadie allí, no habrá grupos, ni huéspedes, no pasará nada. W. no estará. ¡Qué desilusión!. Mi amigo me recuerda un poema chino sobre la peregrinación de un eremita en busca de su maestro. Cuando llega a ese lugar por el que tan largamente ha suspirado, el maestro no está, se ha retirado a la montaña que se oculta tras las nubes a coger plantas medicinales. ¡Qué vacío el de la rendición!.

* * *

He recordado un sueño de hará unos tres días. En él W. toma testosterona para engordar sus músculos. Desconfío, le digo que él no puede ser mi maestro porque él nunca haría algo así. Me contesta burlón que sí, que lo es, y me lo repite varias veces. A pesar de insistirme sigo pensando que es un farsante.

* * *

Aunque de primeras vi en este sueño la expansión de un ego y una arrogancia espirituales, mis compañeras de tarika coinciden, sin embargo, en decirme que el sueño tiene que ver con ciertos aspectos de mi Yo superior que rechazo. Según ellas parece que el maestro me los está mostrando, tales como su fuerza, su buen humor y portento, y yo no estoy dispuesta a verlos. Lo que me dicen me hace reflexionar. Lo cierto es que a pesar de que el maestro me confirma quién es una y otra vez yo sigo negándolo. De ser como dicen ¿qué está pasando aquí? ¿por qué rechazo estos aspectos de mi *animus* tan extraordinarios? Tal vez me he estado identificando con un masculino pequeño, débil, perdedor. Mi abuelo me dijo que lo mirase bien: el prisionero de guerra que él fue en vida aún sigue oculto en la sombra de mi padre, esa que no quise para mí y que quizá no tengo más remedio que ver en sueños.

26 AGOSTO 2013

El maestro hindú de la maestra de W. está semitumbado en la cama de una habitación que tiene como toda puerta un arco. Está dándome enseñanzas. Lo observo atentamente mientras me habla. Es un hombre enjuto, con larga barba blanca, tez aceituna y hábito (quizá pantalones sueltos y camisola grande) de color beige claro. Me explica que mi conexión con el sendero me llega a través de él.

SEPTIEMBRE

PRIMEROS DE SEPTIEMBRE. HITTFFELD

Noche antes de Hittffeld: no paro de trabajar, trabajo y más trabajo junto a W. y otros compañeros del grupo.

DÍA 1

W. me da a beber ,de una botella de cristal verde-azulada, oro líquido.

DÍA 2

Meditación de la mañana. Llega una imagen de la tierra como una red de joyas, la red de Indra. El maestro me muestra cómo encender un interruptor de luz roja apretando su último botón.

* * *

En el sueño asisto junto a mi hijo a una fiesta sufí mundial. Creo que hemos llegado andando, vestidos humildemente con la manta blanca del viajero sufí. Allí, se nos dice que mi hijo tiene la conexión. Unas mujeres me preguntan qué voy a hacer con respecto al sendero, ¿cuál es mi decisión? ¿me quedaré con ellas?. Me dicen que me necesitan... Les contesto que sí, ¡claro!. Lo cierto es que lo sabían, sabían que no podría ser de otra forma porque mi nombre en numerología sagrada significa "en servicio completo, total". Les confirmo que esa soy efectivamente yo.

* * *

Al despertarme he sentido el aliento fuerte, al lado derecho de mi cara, de una presencia heterogénea y extraña, oscura, que me ha puesto los pelos de punta. Me he vuelto a tumbar y lo he vuelto a oír, me he puesto a rezar hasta que ha parado. Pero de nuevo, al tumbarme ha comenzado, así que me he levantado y he salido del cuarto.

W. ha dicho en la charla de esta mañana que ha estado toda la noche limpiando basura y más basura, que todo estaba lleno de basura. "Puede que algunos la hayáis visto", dice. Comprendo que lo que he debido percibir ha sido algo de eso. Nos ha pedido que si vuelve a ocurrirnos verbalicemos el mantra o solicitemos protección al maestro de su maestra, por lo que me di por contestada.

En la charla, también ha hablado de María Magdalena como la verdadera maestra de los discípulos de Jesús, tras su muerte. Cuando estoy de retiro las sincronicidades no paran. Precisamente estoy leyendo estos días el *Gospel of Mary Magdalene*. Luego nos ha echado la bronca por no estar listos para recibir la iniciación de la sustancia sagrada de la tierra. Dice que esto parece más un *meeting* social que otra cosa y yo creo sinceramente que tiene razón. He discutido con la amiga española por esto. Me dice que me aplique yo la crítica, pero es que no me la puedo aplicar... me he preparado mucho para este retiro, llevo meses trabajando mi conexión con la tierra.

Una nueva chica ha compartido con el grupo su sueño del océano dorado en donde nacen los colores. Recuerdo que estuve allí hace años. El brillo de los colores era de otro mundo. W. dice que ese sitio existe y de veras que no puedo negarlo.

DÍA 3

Los sueños comenzaron psicológicos aunque fueron haciéndose más y más espirituales: voy buscando piscinas... una está sin agua, pero esa casa no es mi casa... otra es grande y se podría nadar en ella pero tiene cloro y no me gusta... sigo buscando. Llego a un trozo de tierra húmeda y bien nutrida llena de tulipanes de distintos colores. Hay un trozo de suelo virgen para plantar. Saco del bolsillo unas semillas que planto. De una pequeña alberca rebosa el agua cristalina. Me introduzco en ella a limpiarme las botas. Me doy cuenta que quepo cómodamente. El agua transparente está llena de pequeños dragones de colores. Sus alas están impresas con partituras de canciones. Siento que todo esto es parte del *kit* para realizar mi "servicio total" a la tierra.

Llega una imagen de unas zapatillas deportivas amarillas (el color del sendero) extraordinarias para correr. Comprendo que es un recurso extra que se me ha dado para que pueda avanzar más rápido.

DÍA 4

He observado la maravilla de las rosas que han estado junto a W. durante estos días, pero nadie las ha regado y hoy están muy pachuchas. Siento cierta pena. Me pregunto: ¿cómo que el maestro no se da cuenta de lo mal que lo están pasando?. Cinco minutos más tarde toca las rosas y dice ¡están casi muertas!. Las cambian.

Tengo la sensación de que algo va a ser diferente después de este Hittfeld, pero ¿el qué?. El maestro ha terminado la charla diciendo que el año que viene, si sigue este ambiente de fiestuki, no va a volver.

* * *

EN CASA DE MIS AMIGOS ALEMANES

Mi amiga y yo trabajamos juntas con la tierra. Ella viste de negro (el color de la extinción). Va plantando semillas. Yo voy de blanco (el color del Uno). Las riego. Le hablo de cuánto amo al maestro y de cuánto sufro cuando me trata como si fuera invisible... Juntas somos el negro y el blanco, el blanco y el negro, la danza del mandala desde el que florecen las diez mil formas de esta existencia que llamamos vida.

14 DE SEPTIEMBRE

Estoy recolectando uvas. Se me dice que mi vida interior se está alineando con la exterior: encontraré un trabajo que me enraizará a la tierra. Ha comenzado el servicio.

15 Y 16 DE SEPTIEMBRE

Ahora hay varios sueños que tienen que ver con el grupo: estoy en Madrid con mis compañeras de tarika. Ellas insisten en que me quede porque van a encontrarse con alguien muy interesante. Es una especie de artista-médico de fama. Hay mucha gente esperando y tenemos cita para las 20.30, pero parece que va con retraso. Como siempre, tengo que volver pronto a Córdoba a retomar mis responsabilidades diarias. Así que creo que o nos recibe en una hora o no podré verlo. Voy al cuarto de baño y al salir me encuentro con él. Tiene una pinta estrafalaria, nada que ver con como me lo había imaginado. Va con unos pantalones amarillos de cuyo bolsillo izquierdo pende un reloj dorado, una camiseta *lacoste*, y un jersey sobre los hombros. Pienso que bien puede ser un charlatán. Aún así lo seduzco para que nos reciba sin demora. Cuando vuelvo al salón junto a mis compañeras nos llaman para entrar a verle. No comprendo por qué estaban tan interesadas en el personaje.

* * *

Al despertarme caigo en la cuenta de que ese señor de pantalones amarillos (de nuevo, el color del sendero) es W. disfrazado. He recordado que no es la primera vez que lo hace (nos pone a prueba), ni claro, tampoco la última. Parece que tengo que ver para creer, que soy una mujer de poca fe y la fe mueve montañas, allana los obstáculos que se interponen entre el amante y el Amado.

* * *

Otro sueño: estoy buscando un despegue de parapente pero una amiga de la tarika viene a verme a la casa del pueblo y ahora tengo que poner las energías en esconderla de mi madre. Reconozco en la disfuncionalidad de mi sistema familiar, y en concreto en su carencia de una emocionalidad sana, el núcleo de esta falta de fe, que es un enorme lastre en esta relación mía con lo divino. Hay un trabajo de individuación que hacer en el que estoy metida de lleno, sin descanso.

17 SEPTIEMBRE

Estoy con el grupo español, no recuerdo bien qué hacemos. El caso es que un fuego amenaza el especio en el que estamos. Una de las compañeras trae unas serpientes. Siento que algo nos está pasando. Llevo un tiempo pensando que más que un contenedor para recoger la gracia divina y llevarla a la vida nuestras reuniones son pura distracción. Tal vez de ahí el fuego (que es amor) que todo lo purifica.

18 DE SEPTIEMBRE

Me encuentro en la casa de Córdoba en la que ahora vivo. Tengo la sensación de estar en un castillo. Me duermo en la cama de mi dormitorio. Mi hermana se ha quedado dormida en el cuarto de al lado. Cuando despierto lo hago en la cama de mis padres de la casa del pueblo. Ella lo hace en el cuarto de Pipo, nuestro cuarto de cuando éramos pequeñas.

Vuelvo a dormirme. Ahora despierto dentro del sueño: estoy sentada junto a mi hermana en un recibidor retro y fabuloso de un gran edificio urbano. Dos mujeres treintañeras muy *chic*, vestidas años 40, se nos sientan al lado. Son europeas del Este. Reconozco a que la que está junto a mí como a la maestra de mi maestro, quien por cierto era rusa. Se lo pregunto y así me lo confirma. Le digo que está estupenda, sin una arruga, muy joven y guapa. Ella me dice "Sí, así estoy ahora, pero en esta dimensión aún hay forma ¡si vieras lo que me favorece la dimensión de la no forma!", me contesta riéndose. Nos reímos. Me invita a dar un paseo con ella. Nos vamos juntas del brazo. Siento algo extraño en mi cuerpo, como un relámpago suave pero firme que parece disolverme. Atravesamos un umbral de luces y figuras geométricas. Le pregunto si estamos yendo a otra dimensión, me dice que sí, que acabamos de entrar en un mundo interno. Allí no pesamos, porque aunque aún hay algún rastro de forma, los cuerpos son de luz y solo se aprecia de nosotras un contorno y unas facciones imprecisas. Por eso tampoco andamos, nos desplazamos sobre el suelo. Bajamos a algún lugar en ascensor. Le digo que siento muchísimo haber proyectado sobre ella la figura de mi madre. Aunque parece entristecerse me dice que no importa.

Llegamos a un castillo. Entramos en él por la zona de la cafetería y sus espacios aledaños. El lugar está lleno de compañeros de la tarika entre lo que me siento una advenediza.

De repente me despierto medio tumbada sobre la mesa enorme de una gran habitación vacía. Descubro que mi hermana también está allí. No entiendo bien qué hace ni cómo ha llegado, pienso que sus razones tendrá. Aparece W. sin gafas, con la misma apariencia vaga que tenemos todos en ese sitio. Le cuento excitada a W. todo lo que me ha pasado. No demuestra mucho interés, más bien fastidio, aunque reacciona al decirle que he estado en el castillo: "oh, sí, el castillo", comenta. Aprovecho su mínimo *feedback* para presentarle a mi hermana. Se acerca hasta ella, la toca y me dice: "no tiene que estar aquí". Al tocarla, ella se ha tirado al suelo acusándole de haberle empujado. La levanto y le pido abochornada que no exagere. Hasta ese momento yo tenía mis dudas de si tenía o no que estar aquí, pero ahora me queda claro que tiene que irse. El maestro se aleja murmurando "¡qué madre habéis tenido!". Siento pena por nosotras.

En ese momento dos figuras oscuras aparecen en mitad de la estancia. W. intenta desviarlos de mí, distraerlos para hacer que no me vean. Aunque se ocultan con unas capas marrones puedo sentir con claridad que están vacíos, son seres sin luz, como rapaces en busca de alimento. Su negra energía es fuerte y comprendo que son presencias que habitan en ese mundo de las que debemos estar prevenidos.

Estamos en otra sala. W. está ahora dando una charla. Estoy sentada en primera fila al lado mi hermana. Entran de nuevo estos dos espíritus hambrientos. W. termina prudentemente la reunión pidiéndonos que abandonemos el lugar para que él pueda trabajar con ellos. Salimos. En el *hall* de la sala de conferencias hay dos ascensores. La gente hace cola para subirse a ellos. Comprendo que tardaré menos bajando si bajo a pie las escaleras, estoy tranquila y sé que no voy a sufrir ningún daño. A este punto de la noche ya he perdido a mi hermana.

* * *

No puedo hablar demasiado de este sueño, que no lo es tanto sino una experiencia en el astral. Aún así, como ocurre con cualquier fenómeno de la vida, los sueños son multidimensionales y también puede comprenderse en una dimensión psicológica. Desde ahí mi hermana representa un aspecto femenino tomado de la madre del que debo individuarme. Me muestra la falta de coraje, el miedo que habita en la raíz de mi estado continuo de agitación y mi falso talante dependiente.

Como la naturaleza de este susto está aún oscurecida (los espíritus hambrientos) no tengo datos suficientes sobre la mesa como para analizarla.

20 DE SEPTIEMBRE

Esta noche he soñado que W. estaba agotado, sin fuerzas para continuar dando enseñanzas. Todos vamos a él con nuestro cachito de oscuridad, y ahora está medio enfermo, así que ha puesto en su lugar a una sustituta, pero en la tarika estamos desilusionados con el cambio.

* * *

El sueño es un aviso de que la exploración de la vía del masculino parece atravesar un momento de estancamiento. Hace ya un tiempo que el sendero debía de haber dado paso a un trabajo sobre los aspectos femeninos pendientes de purificar, y al hacerlo, a una primera calibración del equilibrio de los aspectos yin/yang del mandala psíquico. Aunque anteriormente ha habido varios sueños en los que se me dice que estoy lista para este sutil cambio de dirección parezco no darme por aludida.

23 DE SEPTIEMBRE

Querido W.:

Desde que volví de Hittffeld apenas he dormido. Lo cierto es que he comprendido que estás vacío y que es ese vacío el que permite que me vea sobre ti sin velos y, de este modo, ver lo que hay oculto dentro de mí.

He recordado un aspecto importante del sueño de antes de ir al retiro. La guitarra tenía una característica específica: por dentro, su potencia estaba amplificada mientras que por fuera mantenía su aspecto tradicional. Este detalle era importante puesto que podría tocarla de la misma manera que a una guitarra tradicional española y seguiría sonando como tal, puesto que su espíritu es el mismo, uno muy antiguo. Creo que este instrumento articula los dos aspectos principales del Sufismo: las manos (la tierra) y el corazón (el cielo). Puede que a través de ella encuentre la manera de integrar ambas direcciones a lo largo del mismo eje. Esta noche he soñado que me escribías un mensaje en letras doradas sobre una mesa blanca en que decías "adelante con las cosas nuevas de la vida cotidiana".

Aunque a veces siento nostalgia de que físicamente estás lejos, la verdad es que tu presencia es fuerte en mi corazón. Dios te bendiga

25 DE SEPTIEMBRE

Querida Cruz,

Gracias por compartir conmigo tus sueños (...). Como dije [en Hittffeld] hay dos aspectos del sendero: el viaje interior desde el uno al Uno y el aspecto de servicio. Los dos necesitan ir codo con codo: estar fuera con la gente y dentro con Dios, o "las manos para trabajar y el corazón para Dios"

Con amor, W.

25 DE SEPTIEMBRE

La semana pasada soñé que recolectaba uvas para hacer vino, el símbolo de la sustancia divina. Mientras lo hacía una voz me dijo que iba a empezar a alinear mi vida externa e interna trabajando en alguna actividad enraizada a la tierra.

* * *

Querido W.

Confío en que la gracia de Dios me muestre cómo desarrollar mi servicio a la tierra. Algo nuevo está llegando a mi día a día. Tengo la posibilidad de alquilar una casa entre la naturaleza y la ciudad en la que podremos vivir la familia, mantener un trabajo terapéutico continuo y abrir un gran espacio para encuentros. No estaba segura si quedarme o no con ella pero me he acordado que el primer día que fuimos a verla nos encontramos en el cruce de entrada a la urbanización un perro negro muerto, algo que tomé de mal augurio. Sin embargo, días después una compañera del grupo soñó con un perro negro muerto. En la reunión de los jueves hablamos sobre la relación de este símbolo con la muerte del ego. Más tarde tuve un sueño lúcido en esa casa y en ella me encontré con tu maestra.

Espero no estar confundida y rezo por tener la discriminación necesaria, pues la mudanza implica un cambio del estilo de vida de la familia.

Con amor

26 DE SEPTIEMBRE

W. está sentado en la terraza de un bar. Estoy de pie frente a él. Coloca sobre el tablero de la mesa unas letras doradas que emiten luz, a la manera de las de un crucigrama. Me da miedo que las use para escribir con ellas un mensaje negativo sobre mí. Creo que podré mover las piezas sin que se dé cuenta y adelantarme para poner algo agradable. En ese momento me dice "mira hacia abajo". Cuando subo la cabeza las letras ya están ordenadas sobre la mesa. Espero no haberlo hecho yo sin darme cuenta porque lo cierto es que me sentiría fatal, pero él me mira sonriente diciéndome "¿es que te crees que estando yo delante puedes hacer tú algo?". Acto seguido me comenta "¡adelante con tu encargo!".

* * *

Querido W.

He comprendido que mi ego se está rindiendo a mi Yo superior. La verdad es que esa soy yo, nunca he sacado ventaja de nada, siempre he antepuesto a los demás. Ese es mi corazón. El ego tendrá que rendirse del todo, es lo que viene, lo que ya está aquí. El compromiso con el Amado es firme y aunque mi ego a veces parece sublevarse, no hay vuelta atrás. Además, como está medio moribundo no parece si quiera comprenderlo. Maestro, déjame expresarte explícitamente que mi compromiso es firme: estoy en servicio. Sé que el ego intentará jugar sus cartas. Me esmeraré en tener siempre presente nuestra conexión.

W. Me ha contestado amorosamente. Me ha pedido una fotografía.

28 DE SEPTIEMBRE

En el sueño la pareja de amigos alemanes del grupo vienen a visitarme al cortijito. Ella tiene que traer la energía del sendero a esta zona y dejar aquí establecida una conexión.

* * *

Sincronicidad: La mujer me ha llamado hoy por teléfono para comentarme que ha soñado con que W. le decía en el cortijito "tienes que traer la vida a esa tierra".

OCTUBRE

SEMANA DEL 7 AL 11 DE OCTUBRE

Estoy esperando que unos invitados lleguen a mi casa. Llaman a la puerta: es una pareja de gigantes salvajes cogidos cariñosamente de la mano. Su apariencia es bella, natural, sabia… Se aman. Ella tiene el pelo largo y negro. Son dos arquetipos de la nueva danza del ying/yan que han venido a verme, y al hacerlo, a celebrar que se ha completado parte de un proceso de integración entre ciertos aspectos masculinos y femeninos de mi psique, básicos y esenciales.

* * *

Voy a Suecia. Pienso que últimamente viajo bastante a este país. Esta vez no hay nieve y me extraña. Llego a una taberna-bodega en la que compro algunas botellas de vino. Una princesa de la casa real me explica amablemente las maravillosas características del licor típico de su tierra. Es un néctar rico y fuerte elaborado con frutas salvajes. Me sorprende que la princesa es sencilla, humilde, cariñosa y cercana. Recuerdo que los sufís también son conocidos como "los borrachos de Dios". Suelen reunirse de noche en la *Taberna de la Ruina* a embriagarse juntos con la sustancia del anhelo al Amado. El norte geográfico simboliza la consciencia espiritual, la capa más trascendente de la psique. Es la tierra del jabalí blanco. Su princesa me atiende dulcemente.

* * *

Esta misma noche una montaña se desploma sobre sí misma. Estoy preocupada por la mujer que habita en su cima, una anacoreta que vive en una especie de cueva-huevo dorado. Pero afortunadamente está bien, sigue dentro de aquella cápsula como si nada hubiera pasado, con una llamita encendida entre sus manos. Estoy aliviada y contenta.

* * *

El femenino sagrado sigo vivo bajo la tierra a pesar del desmoronamiento de la montaña, eje y centro del mundo. Sea cual haya sido el derrumbe, mi mujer interior está a salvo, más viva que nunca.

* * *

Voy andando por el pueblo de mi niñez. Me siento como cuando era joven. Al final de una calle hay un solar en ruinas por el que decido atrochar. Dentro hay una perra defendiendo agresiva a sus cachorrillos. Siento que podemos ser amigas, quiero serlo, pero una señora del pueblo se entromete para aconsejarme que lo mejor es que lo cruce elevándome del suelo haciendo uso de una polea que hay a la entrada. Me insiste, a pesar de que tengo claro que prefiero quedarme con la perra y hacerme su amiga. Sin embargo, al final acabo utilizando la polea.

* * *

He evitado establecer una relación con la perra a pesar de lo profundo que era mi anhelo por tenerla. No he sido coherente con lo que sentía. En vez de hacer caso a mi mujer, necesitada desesperadamente de compasión, me he ido por el lado fácil, por el que dirán, he actuado como una cobarde y lo peor, como una traidora. Esa perra es un aspecto protector y de cuidado de mi femenino salvaje que simplemente no honro porque me inclino más a hacer caso de los consejos de una desconocida que a mi propia intuición. Me he desviado de mi camino. De nuevo me distraigo, y sobre todo, pierdo una oportunidad de oro de trabar una amistad con ese aspecto denostado de mí, que nadie parece apreciar, ni siquiera yo misma. ¡Oh, autocompasión qué preciado tesoro que se me escapa de las manos!.

23 DE OCTUBRE

Estoy de nuevo en el pueblo, esta vez en una calle sin salida. Me cuelo en la casa de un matrimonio anciano al que conozco. Para ser exactos, no he entrado directamente en su casa sino en una anexa que tienen para invitados. Ahora sin embargo no hay nadie. Veo que han puesto en venta algunos objetos que no usan. En concreto hay una pared enorme llena de espejos muy variados. Tienen aún sus etiquetas colgando. Los miro sin demasiado interés. Alguien entra y me descubre. En ese momento me doy cuenta de que estoy muy enferma.

Me despierto en la cama de un dormitorio de esa casa. La ventana del cuarto da a la calle de los juegos de mi infancia, es decir, la que sube hasta el cementerio. En cuestión de segundos me muero. Alguien junto a mí (no recuerdo quién aunque lo siento familiar), me cierra los ojos. Estoy muerta. Siento miedo a lo desconocido. Salgo de mi cuerpo flotando por la ventana hacia la calle. Ahora quiero jugar, tal como hacía de chica. Comienzo a sentirme viva de nuevo. Me voy a dar un paseo como si nada hubiera pasado. Al instante llega una energía fuerte y luminosa, que relaciono con la de los maestros del sendero, que me habla: "¿qué haces comportándote como si estuvieras viva cuando ya estás muerta?". Me despierto.

* * *

¡Madre mía¡ Mi ego está muerto. El sendero no es una chorrada, esto va en serio. Ni siquiera estoy interesada en mirarme al espejo. No puedo hacer como que no lo estoy, no puedo seguir distrayéndome de lo real. Y aunque aún aparecen ciertos patrones arraigados de la infancia, la gracia del sendero es superior y los hace añicos. A estas alturas no me queda dudas de la película: el pueblo es la representación del ego que tiene que morirse para dar lugar a uno nuevo en servicio al Yo superior.

NOVIEMBRE

1 DE NOVIEMBRE. MADRID

W. me está enseñando posturas y respiraciones bastante extremas. Al hacerlo está ayudándome a trabajar ciertas energías.

7 DE NOVIEMBRE

Estoy en un país extranjero buscando a W. Recuerdo haber viajado hasta allí con mi familia y luego haberme separarme de ella. Al fin lo encuentro en una sala de un centro de retiros. De repente entran mis hermanas, mis hijos, mis padres. Siento un poco de apuro porque creo que no deberían estar allí y me preocupa que W. se lo tome a mal. Sin embargo los abraza a todos llegando incluso a abrazarme a mí como nunca. Me aparta a un lado para decirme: "Tu hijo tiene la marca. Cuida de él". Le contesto que lo haré. Ya van con esta dos veces en las que se me avisa.

* * *

W. nos está seduciendo a todos. Busca nuestra rendición.

9 DE NOVIEMBRE

He soñado que mi hermana estaba mortalmente enferma. No se podía hacer nada y estaba muy triste. Decidí quedarme con ella y cuidarla hasta que se fuera.

Aquí llega la primera rendición importante.

DICIEMBRE

6 DE DICIEMBRE

He soñado con el grupo de España. Una de las compañeras cuida el piso en el que nos reunimos por las noches. Está molesta conmigo porque no le hace gracia que cada vez que voy, que son pocas, deje comida de sobra en la nevera para cuando vuelva. Comprendo que lo que prefiere simplemente es que vaya todos los días. Otra de ellas ha ido a buscarme, está ansiosa, no sé qué le pasa pero me agarra del cuello, parece que debo intentar a toda costa darle una solución a un problema suyo. Al llegar con ella al piso veo que hay una mujer alemana desconocida que parece estar loca. Le digo a mi amiga que solo es esquizofrenia. Para que mejore tendrá que cuidarla, hacerse su amiga, y por supuesto no tenerle miedo. Sólo así encontrarán las dos la paz. Les digo a todas con afán de calmarlas: "no os preocupéis, me han comentado que W. llega el Lunes". Parece que hemos estado trabajando mucho para que llegue ese momento y al fin está muy cerca.

* * *

Independientemente de la lectura de las capas más individuales del sueño, como por ejemplo que debería estar más enfocada en el trabajo del sendero, lo cierto es que algo está desequilibrando el grupo: algo nuevo y algo viejo. Estos dos elementos deben encontrar la paz o saltaremos por los aires.

12 DE DICIEMBRE

Me despierto en una litera de un retiro. Es el último día y el maestro está apunto de irse. Me atrevo a decirle a quien lleva su agenda si puedo verlo un momento a solas para hablar con él. Le comento que llevo mi coche y que incluso podría llevarlo al siguiente retiro o a donde necesite ir. El hombre me responde que me espere, que pronto me recibirá en su cuarto. Al momento subo a verle. W. parece contento de que me haya decidido a hablarle y me invita a entrar. Está descansando, come un poco de carne, me hace el comentario de que es una dieta especialmente energética para los retiros. Lo siento muy cercano. Me pregunta por qué no intervengo más, también quiere saber por qué he esperado tanto para tener una conversación con él. Le digo que soy vergonzosa. Nos reímos. Me dice que suele pasar y pararse en Córdoba porque es un sitio estupendo para observar o interactuar con los pájaros, con su reclamo. Le explico que tengo una casa cerca del mejor sitio para verlos, a lo que me replica que lo sabe. Me invita a que le acompañe en su coche hasta la próxima ciudad (caigo en la cuenta de que pensaba que iba yo a llevarle en el mío). Le espero en la calle. Llega con un coche precioso (grande y antiguo, de un estilo inglés de los 70) de color verde aceituna. Voy a entrar en el asiento del conductor, pero amablemente me dice que será él quien lo conduzca. Me monto en el asiento del copiloto pasándole por encima. Se me ha enganchado el bolso y no sé si también un pañuelo, nos reímos mientras lo desenlío. La conexión entre nosotros fluye. El trayecto es divertido. Vamos a la habitación de su hotel. Estoy mirando un viejo álbum de fotos suyo cuando abre una puerta del cuarto y me pide que le dé la mano mientras me anima a entrar junto a él. Al cogerla comienzo a dormirme. Comprendo que estamos viajando a otra dimensión diferente, a otra capa de los mundos internos. Es una experiencia sumamente vívida. Sin embargo, lo que ocurre es que al dormirme paradójicamente me despierto en mi cama, como todos los días.

* * *

Aparte de que el ego quiere tomar el control del viaje, lo que no es una menudencia, ¡este mundo es un sueño y el mundo real es el otro, el que creemos que es un sueño! Tengo claro que lo que he vivido esta noche ha sido una experiencia real, más que esta vida misma. Por cierto, no hay ego posible que pueda tener el control de un mundo que simplemente es humo, no existe.

Recuerdo las reflexiones de Segismundo cuando termina de nuevo encerrado en la torre.

¿Qué es la vida? Un frenesí.
¿Qué es la vida? Una ilusión,
una sombra, una ficción,
y el mayor bien es pequeño;
que toda la vida es sueño,
y los sueños, sueños son.

26 DICIEMBRE. VIAJE A CALIFORNIA

Avión a CA. El viento del norte está soplando fuerte. La trayectoria del avión se modifica lo suficiente como para sobrevolar toda Islandia. Como en mis sueños de juventud aparecen grandes acantilados nevados venciéndose hacia el agua. Reikiavik es muchos puntos de luz en torno a un vértice de tierra en medio del mortecino sol del invierno polar. En mitad de aquella belleza inesperada comienzo a exaltarme, ¡cuántas veces he soñado que estaba aquí, aquí, justo donde ahora me encuentro! Eso debe significar algo. La trayectoria continúa derivándose aún más hacia el Norte. Ahora atravesamos Groenlandia, ¡una hora de icebergs, costas de hielo, planicies interminablemente blancas!. ¡Cuánta belleza, mi alegría va en aumento!. ¡Qué gracia la del Amado que siempre es fiel a los recuerdos del alma!

Llegamos a San Francisco. La ciudad es bonita, reconfortante, llena de brazos listos a protegerte. Mi mononucleosis o lo que sea me tiene en la cama… 1, 2, 3, 4, 5 días. Al fin puedo asistir a la obra el teatro de nuestra anfitriona. Estoy llena de amor. Mi cuerpo tiembla. A la vuelta una mendiga heroinómana pide en una esquina. Entro en la tienda y le compro unas patatas. Salgo y se las doy, pero también mi pañuelo precioso de la garganta, y un abrazo. Lloramos juntas. Ella grita que me quiere y yo le grito mientras me alejo que también. Dios mío ¿de donde salió eso?, ese destello de amor descontrolado, ¿de donde?. El cuerpo estaba tierno como nunca y se mezcló con todo, con el todo. ¿Donde quedó mi pobre madre, dónde la he dejado? No he tenido miedo. ¡Ni un solo susto, ni una sola vocecita suya me ha parado!.

Después de unos cuantos días entre cama, cocina, cama, cocina, ya no aguanto más. Quiero salir de la habitación. Digo que estoy bien aunque estoy que me caigo, pero no aguanto ni un día más de *yet-lack* griposo.

YOSEMITE

Sueño que llevo conmigo de viaje a mi madre, la monto en el avión, está triste. Aquí comienza de veras esta aventura americana, el viaje interno. El viaje interno y el externo se unen para sintonizarme con el cetro del amor, el corazón. Será sangriento, pero con mi madre no puede serlo de otro modo.

Antes de ir a Yosemite, justo el día anterior, hemos ido a Inverness. Medio muerta, pero he ido. Paramos a comer. Después del liviano almuerzo frente a la laguna me siento algo mejor. El agua está llena de aves que agitan su pecho con gran vigor. Un hombre toca una gaita haciendo que el corazón se enternezca aún más. ¡Inverness es un sitio para el recuerdo!. ¡Cuánto anhelo!. Un nativo americano nos observa desde lejos.

A la noche siguiente, una pesadilla:

Mi terraza, Dios mío, la terraza en la que mi niña construía con sus tejas alas de pajarillo para echar a volar, ahora es el lugar del martirio. Unas figuras oscuras han colocado dentro del pecho de un hombre una pequeña semilla. Estoy obligada a asistir a todo el proceso. Al cabo de un tiempo le rajan el costado y se la sacan. Toda la ceremonia es terriblemente cruda. El hombre, abierto en canal de arriba abajo, se asemeja a un Cristo. Tengo que reponerme rápido porque me toca recoger lo que le han sacado del cuerpo: un manojo de tripas que han arrojado a la piscina ensangrentada que es ahora el suelo de la terraza. He tenido que limpiarlas y lavarlas cuidadosamente en la pila. Me despierto horrorizada.

* * *

Sé que el sueño me muestra la purificación y redención de un aspecto femenino central en mi psique que viene conmigo desde niña. Deberé traerlo a la luz para transformarlo. El parto será cruento. El corazón es una cámara llena de tripas sanguinolentas, nada de joyas, solo vísceras crudas y sangre que habré de limpiar para que vuelva a ser tierno como una madeja blanca de lana (como el corazón de un Sufí) y así pueda llegar a convertirse en el contenedor de Su gracia. Por eso, nada de pájaros en la cabeza para echar a volar, aunque me duela tanto.

LAS VEGAS

Llegamos a las Vegas. David Copperfield, según Oprah "el mejor ilusionista del mundo" –Sí, Oprah Winfrey, la misma que entrevistando a W. le dijo que ella no estaba dispuesta a sufrir– actúa en el MGM, el hotel en el que nos hospedamos. Su rostro cubre la enorme pared que veo desde mi cama. Frivolizo sarcásticamente con su supuesto parecido a Dios. Hay algo en las Vegas que me molesta: está llena de jóvenes, niños casi como mis hijos, viviendo un modelo de vida a lo parque temático, no ya solo inconsciente e iluso sino también alcohólico. A su vez los adultos son más inmaduros que los jóvenes aquí y eso aún me da más miedo.

Vamos a la actuación de DC. Una enorme bola dorada rueda por el público. Cae encima de mi abrigo negro, o sea, de mí. DC me saca al escenario para ayudarle en el próximo número de su *show*. Me pide que le diga mi nombre, que casi no entiende, me pregunta por un lugar donde me gustaría ir y le digo "Reikiavik", lo que tampoco parece entender. Me pregunta que cuándo quiero ir. Le respondo "not now": hay una niña ingenua dentro de mí, sobre el tejado de la terraza, fascinada por la magia del ilusionista... tal vez, en un momento, puede que la transporte con el chasquido de sus dedos a donde ella quiera. Donde sí que me lleva es al escenario, y allí, frente al público, me pide el nombre de mi actor favorito, con el que tal vez podría irme a Islandia. ¡Qué extraño es todo esto!, no quiero irme a Islandia con ningún actor favorito. Aún así, esa misma mañana mi amigo y yo habíamos hablado de Leonardo di Caprio. Así que apunto su nombre sobre la pizarra de espaldas al público, tomándome mi tiempo, "L-e-o-n-a-r-d-o d-i C-a-p-r-i-o". Amablemente DC me invita a volver a mi asiento. Poco antes de sentarme un ayudante del mago se me acerca y me dice de forma gentil que el nombre que DC ha escrito es Brad Pitt y que obviamente no va a coincidir con el del actor de origen italiano que yo acabo de escribir, pero eso sí, debo mantener silencio, será nuestro secreto, porque después de todo "magic is magic". Si lo hago DC se hará una foto conmigo y mis amigos. Siento una confusión atroz pero le sigo el juego. ¡Imaginad cómo me siento! lejos de casa, en Las Vegas, en un teatro abarrotado, con el inglés de por medio, y "el mayor ilusionista del mundo" a mi lado ¡mintiéndome y mintiéndonos a todos!.

La inocencia se me ha arrancado del pecho, la sangre que arroja mi costado es cada vez más profusa y ha empapando la moqueta del teatro de Las Vegas. A la hora de la foto, mi sentido del deber de ser una buena niña anda ya pensando que después de todo DC es un currante, y que ser ilusionista al fin y al cabo es eso, crear ilusiones y nada más, ¿o es que acaso me creía otra cosa?. DC se hace la foto en menos de un segundo, ni siquiera me mira a los ojos. Me lo tengo bien merecido por ir a La Vegas. ¡Adiós a la niña del tejado y a sus sueños! Al fin perdí la inocencia. Lo que pasa en Las Vegas se queda en Las Vegas.

DEATH VALLEY

Al día siguiente partimos hacia *Death Valley*. Nada más dejar atrás Las Vegas el desierto profundo se aparece con su superrealismo de tonos extremadamente neutros. Su manto empieza a calentarnos el corazón. ¡Qué belleza, ahora sí que puedo sentir lo que es la magia!. Tres coyotes nos esperan en la carretera para darnos la bienvenida, se han acercado a las ventanillas del coche. ¡Esta tierra esta viva y nos reconoce!

Nos adentramos en *Shoshones*, una de las entradas a Death Valley, un complejo de aguas calientes de dunas saladas, de "hot springs". Estamos indecisos sobre dónde pasar la noche. Yo tengo claro el hotel que prefiero pero no me pronuncio ni digo nada, hago lo de siempre: no expresarme, no decir lo que siento, quitarme de en medio por susto. Al final los que no sabían qué hacer se han visto obligados a elegir un sitio que, la verdad, no me gusta "naica" y estoy enfadada. Enfadada por no haber dicho nada, por haberme quedado al margen, y encima ahora injustamente les culpo de no haber sentido que la energía del lugar en el que hemos acabado es tóxica hasta decir basta: gente muy puesta de todo, aguas estancadas,... Me está bien merecido porque pude haber dicho algo que nos habría venido a bien a todos y no lo hice, no hice nada... otra vez me escapé al tejado, me alejé de la candela de vísceras que es el piso de la vida. Comprendo que tengo que coger la mía entre mis manos aunque me espante. Porque a pesar de que mi ego, mi soberbia, me pide que me quite de en medio, después de todo mi naturaleza necesita expresarse.

Tras aceptar que la niña que se esconde en el tejado debe bajar a la tierra entramos en el corazón de *Death Valley*... ¡Dios mío que belleza, cuántas ganas de llorar, qué magia ésta que conmueve tanto el cuerpo!. ¡Gracias!!... He venido hasta aquí a morirme, a comprender Tus mensajes en mis sueños. Comprendo el sacrificio, comprendo que cuando la niña temerosa que se esconde se muere, nace la mujer sabia, comprendo que la niña que se esconde está hecha con los retales de las voces y las miradas juiciosas de los adultos. Comprendo que la mujer despierta que acaba de llegar viene desde el vientre salvaje de la tierra. Esa también soy yo, jamás seré solo pequeña. Debo recordar que he pagado con mi sangre. ¡Ahora soy una con este desierto!. Vemos el atardecer más hermoso del mundo en la *Paleta del Pintor*. No comprendo que el síndrome de Stendhal tenga su origen en una ciudad como Florencia. No hay nada más bello que las formas y colores esculpidos por la naturaleza.

* * *

De noche: estoy frente al fuego en una ceremonia de indias nativas americanas en mitad del desierto. Soy una de ellas. Tengo una poción de plantas para repartir entre todas nosotras. Su medicina nos abrirá a celebrar juntas el femenino salvaje de esta tierra. Descubro, con sorpresa, que soy la maestra de la ceremonia. El sueño es vívido, como un recuerdo muy antiguo.

* * *

Al día siguiente siento que se me ha ido la olla de tanta belleza y emoción. Tengo claro que pertenezco a esta tierra. Me he visto aquí morir hace muchas vidas y siento que he vuelto a mi casa.

Pido una señal de confirmación de todo esto, del tipo que sea y cuando sea. Vamos a las dunas, de allí pasamos de noche con el coche por las *Palamits*, la tierra sagrada de los Shoshones ¡ay!, qué pena!, acabamos de salir de *Death Valley*.

SANTA BÁRBARA

Hemos pasado varios días en Santa Bárbara. El último de ellos sueño con una pareja de famosos que viven en mi casa. Son como Barbie y Kent, de plástico y se han casado en Las Vegas. Al principio no me molesta demasiado pero conforme avanza el sueño empiezo a sentirme cada vez peor hasta que al fin me voy a vivir a un apartamento independiente anexo porque no aguanto más con ellos.

* * *

Quiero cuidar mi nueva casa y Barbie y Kent tienen que irse, conforman un mandala de pega, y aunque quisiera seguir viviendo con ellos, no podría. Esta pareja pertenece a un mundo pasado, casposo, el de la niña, y la niña en el tejado ha clavado sus pies sobre la tierra.

La espiral está completando un ciclo.

* * *

A la vuelta de Santa Bárbara me sorprende *Córdoba Road* subiendo por el océano. Después una playa está llena de leones marinos. Centenares de hembras están dando a luz. Delante de nosotros han nacido dos bebés. Huele a salvaje, a ola, a placenta (que se comen los cormoranes y gaviotas), a sangre. Los gritos de los leones se mezclan con los de las aves y con el del rompeolas.

Me he comprometido con la tierra. He ido a pasear por el bosque y me he anudado a ella. Le he pedido que me dé la señal de la conexión que empieza a haber entre nosotras a medida que la niña del tejado se descalza y anda sobre la tierra. Soy una joven india en mitad del campo andando en círculo y gritando "tengo y tomo la energía de la tierra, de Inanna, y me comprometo a..." Son cosas poderosas que no sé de dónde han podido salir. Nadie me va a comer con patatas, ni siquiera yo.

SAN FRANCISCO

Sueño que estoy de viaje por EE.UU. para visitar a mi maestro. Al principio no quiere verme, incluso me deja en ridículo delante del grupo porque sabe que cuando me siento mal acabo yéndome. Lo hace además hablándome rápidamente en inglés para que no le entienda. Sin embargo le replico que me deje estar, que estoy lista, que ya sé lo que se me pedía y que por favor no me eche de allí. Se calla. Me escucha. Le digo que he venido a entregarme a Dios, al sendero y a él, mi Sheikh. Definitivamente he entendido lo que se me pedía y vengo a ofrecérselo. W. cambia de forma radical su actitud hacia mi. Me dice que quiere que vaya junto a él como una de sus discípulas más queridas. Me siento bajo sus pies. Me aconseja que tenga un cuarto especial para guardar mejor mis cosas, entre ellas mi ordenador: no pueden estar tan expuestas puesto que la gente las quiere. Aunque he viajado hasta allí con algunos amigos que van a hospedarse en una lujosa casa que pertenece a mi familia, prefiero buscarme una pensión barata para poder estar sola. Es un sitio sencillo, humilde y precioso, tiene todo lo que necesito para seguir centrada en el sendero.

* * *

El sueño describe las cualidades del alma del devoto: sus aspectos femeninos de entrega e intimidad con Dios, así como los masculinos de comprometerse a vivirlos sin tapujos ni distracciones. Al bajarse la niña del tejado se ha ido el miedo a vivir expresando sus cualidades más esenciales. La niña se está haciendo una mujer iniciada en los misterios de una vida vivida para y a través de su Amado.

AÑO 2014

ENERO

12 DE ENERO

Última noche de viaje. Sueño con los amigos del desierto. Voy a despedirme de la tierra que tanto me ha dado durante estos días. Al alejarme de ellos hago una serie de nudos energéticos entre la tierra y yo sirviéndome de la luz de mi corazón y la de ciertos nodos luminiscentes que hay bajo la cima de las montañas. Me quedaré unida a esta lugar. Lo llevaré conmigo y me sostendrá y yo lo sostendré y lo llevaré por todos lados.

Vuelta a Córdoba. Me he puesto mala de nuevo.

14 DE ENERO

Querido Sheikh,

Quiero compartir contigo brevemente algo de mi viaje a CA. El viaje interior y el exterior se han trenzado y han caminado juntos. La tierra le ha dado la bienvenida a los dos y los ha abrazado en su útero primitivo. Llegué a San Francisco a finales de diciembre enferma. Ya estaba mal en España pero no quise a renunciar a este viaje. Aunque no tenía ninguna expectativa particular –en especial desde que supe que el centro estaría cerrado- no quise perderme la oportunidad de viajar hasta allí. Soñé con la terraza de la casa de mi infancia. Su tejado me daba seguridad lejos de las batallas de mis padres, era mi punto de fuga. Siempre que tenía un problema volaba hasta allí, reacción que se fue necrosando con el tiempo en un patrón de comportamiento escapista (...).

Solo quería decirte que estos días he podido contactar con la energía del sendero: con su renuncia al Amado y con su amorosa amistad con la tierra lejos de las idealizaciones fantásticas del ego. He comprendido lo que mis sueños querían hacerme ver y un velo se ha levantado. Ha sido doloroso pero sé que es así cómo funciona nuestro camino, velo tras velo. No quiero nada sino la verdad, recorrer la aventura del alma a través de la sangre: vivir como una mujer real.

23 DE ENERO

Somos cinco brujas. Una de nosotras parece habernos convencido a las demás de entregarle nuestro poder pero me he dado cuenta de que solo lo quiere para ella y de dárselo podría llegar a ser muy peligrosa. Convenzo a las demás para que me dejen boicotear la entrega a última hora. Cuando estamos en el meollo del ritual y ella tiene los ojos cerrados, prendo fuego al lugar, que es como el portón de una cueva con un friso antiguo en el que habita una serpiente corpulenta que contiene nuestra energía. Todo está ardiendo y ahora hay que escapar. Voy cuatro casas más abajo a cambiarme los hábitos del ritual por un conjunto de ropa de calle. Al salir, veo una pequeña serpiente en el suelo que cuidadosamente esquivo.

* * *

Me ha llamado una amiga de la tarika. Me cuenta un sueño que ha tenido esta semana con otra compañera. Ella quiere quitarle su bola de cristal. Este domingo no he tenido ganas de estar con el grupo, y de hecho, no me funcionó internet.

25 ENERO

La maestra de mi Sheikh está muy enfadada con el grupo. Le digo: "conmigo no", y ella me dice con gran seriedad "no, contigo no, tú puedes irte".

FEBRERO

20 DE FEBRERO

W. ha cerrado el grupo. Me ha llegado un email en el que nos lo comunica. El domingo pasado (que no pude conectarme) parece que hubo un altercado con las compañeras. No tiene sentido seguir así y W. lo ha quemado todo.

ALGÚN DÍA DE ESA SEMANA

He sentido que parte de la energía de los maestros se ha ido y, de alguna forma, tengo que reequilibrar mi sistema. Tampoco puedo dejar de sentir cierta tristeza y soledad. Ayer soñé que W. estaba en la puerta de casa. Había venido a visitarme como un amigo, con sus vaqueros y jersey azul.

* * *

Hay un encuentro sufí en la playa. Yo vivo en una casa desde cuya ventana puedo verlo. De alguna forma, W. ha organizado allí el retiro para que no me sienta sola. El primer día no he podido encontrar a nadie conocido entre la gente y la energía tiene una cualidad de algarabía. Durante el segundo, he descubierto que el retiro se ha desplazado a otra playa aún más cerca de mi casa. Mientras estoy eligiendo la ropa para bajar, W. viene a mi cuarto. Me dice que me ponga guapa y que me baje, que todos están allí. Está feliz.

No tengo que sentirme desamparada. Nada ha cambiado. La conexión con el maestro interior sigue sus derroteros.

MARZO

2 DE MARZO

Una voz me dice que debo analizar el sueño en el que prendía fuego al espacio ritual del grupo. Me cuenta que la serpiente que andaba por el friso del templo guardaba efectivamente la energía de cada una de nosotras y también una energía especial que los maestros nos habían entregado al grupo. Tras la inmolación la tarea es ahora alimentar a esa serpiente pequeñita que encontré en mitad de la calle. Es muy importante que cada una encuentre su modo de hacerlo. También se me comenta que he estado tan débil durante los dos últimos meses porque ya por entonces se había producido este episodio en los mundos internos. Ahora es decisivo que nutramos de nuevo a la serpiente para vigorizarnos. La señal de que lo estamos haciendo correctamente será que poco a poco iremos encontrándonos mejor. Se me explica que mi camino para nutrirla es la sexualidad, del mismo modo que mi despertar sexual fue fundamental en su día para crear el contenedor que posibilitó que me uniera al sendero, gracias a la energización de mi kundalini. Así que, sin perder tiempo, debo reconectar con mi sexualidad sagrada. Es el mismo viaje que el de Inanna. De ahí sacó ella su poder para transformarse y volver al mundo.

11 DE MARZO

He soñado con el próximo retiro de Emmetten. Viajo hasta allí junto a una amiga de la tarika aunque al llegar cada una tira por su lado. De repente me encuentro con una compañera de colegio de la infancia, Rosa, (a la que a veces veo porque tiene a sus hijos en el mismo colegio en el que están los míos) y me pregunto qué será lo que está haciendo aquí. Parece contenta pero es su primer retiro y creo que lo suyo es echarle una mano. Antes me encuentro con W., nos sentamos y hablamos. Me da su mano, se la acaricio tres veces. Me sonríe. Habla en perfecto español y yo le digo... "¡anda, pero si hablas español!", a lo que me contesta, "¡pues claro!, ¿qué te pensabas? lo que pasa es que lo hablo cuando quiero". Le pregunto, "¿has visto que está aquí mi amiga de la infancia? ¿qué crees que significa.?". Me dice que eso es lo correcto aunque tendré que resolver yo misma lo que significa.

* * *

Mi amiga Rosa viste de rosa ¿debo tenerlo en cuenta?. En cuanto a ella... sé que es una mujer discreta e inteligente que no ha querido sobresalir especialmente en nada. A pesar de que tiene un buen trabajo y una buena familia lleva su vida adelante sin estridencias. Hace lo que le toca y encima lo hace muy bien.

Estoy comenzando a identificar lo cotidiano como lo sagrado. La fractura entre ambos se está disolviendo. Desde que volví de California siento que quiero honrar cada momento del día. Llevar su santa energía a cada cosa que hago: cocinar, cuidar de mis hijos, limpiar, estudiar, trabajar delante del ordenador. Lo cotidiano se está empapando de un talante venerable. Esta oración continua se origina desde una esquina vacía de mi corazón y me conecta con la vida, y de ahí al Uno... Así es como de forma lenta y sutil lo divino está entrando en mi vida. El accidente de mi perro Nevado ha sido decisivo para comprenderlo: toda una red de personas y de hechos conectados entre sí han entrado en acción, cada uno ha hecho simplemente lo que le tocaba hacer y al final entre todos lo hemos salvado. Así es como funciona la vida.

También he querido buscar algo sobre los Rosacruz, partiendo de la base de que la Rosa es una cualidad del alma, y dice esto: "el hombre posee en lo más profundo de su ser, en su corazón, un principio inmortal, una chispa de espíritu, la Rosa. Existe un pre-recuerdo original por el que el hombre puede encontrar el camino de regreso a su fuente original". Así que esta rosa podría ser un símbolo del quinto elemento, o sea, del punto central de la cruz en donde las direcciones y elementos opuestos se integran.

Ya estoy trabajando el próximo retiro de Emmetten.

20 DE MARZO

En el sueño he estado con el Sheikh. Me cuenta que trabajan con nosotros a un nivel sutil de forma que no nos damos cuenta, lo que no significa que no lo estén haciendo. Luego he soñado con un retiro en el que había mucha gente que conozco: mis primos, mis padres, etc. A pesar de pensar que no encajan demasiado estoy contenta de verlos. Tras cambiarme de asiento varias veces acabo en un sitio preferente esperando entender mejor a W. En realidad tengo esa costumbre ya que me resulta más fácil comprender el inglés en el contexto de la riqueza de la expresión corporal del hablante. Cuando llega el gurú me extraña que las mujeres que están a mi lado le saludan a lo hinduista, bailando, moviéndose, con genuflexiones y yo digo extrañada, ¡caray, esto es nuevo! porque a W. no le gustan nada este tipo de cosas. Entonces me doy cuenta de que la energía que se respira es muy distinta a la del sendero. Aún así decido saludarle con sencillez uniendo mis manos y llevándomelas al corazón. Al levantar la cabeza veo que no es W. sino un maestro hindú. Me siento aliviada y me voy. Ahora comprendo por qué había tantos conocidos entre el público.

* * *

En el camino hacia el Amado todo lo que no sea silencio, son distracciones. Ese es al menos el camino marcado en mi corazón. Sin embargo, el ego espiritual tiene ciertas tendencias *new age* sobre las que tengo que estar alerta, por cierto, preferencias muy populares (gracias, entre otras cosas, porque los medios nos las han metido hasta en la sopa).

ABRIL

11 DE ABRIL

Esta noche el hombre maravilloso de alguno de mis sueños viene para que escalemos juntos unas dunas de gran altura. Aunque cada uno vamos por caras distintas (me resulta difícil subir por dónde él lo está haciendo), nos sentimos muy unidos. Nos divertimos mucho, hay un sentido de aventura en nuestro estar juntos.

* * *

Algunos aspectos astrológicos me están diciendo cosas como ésta: Saturno conjunción Neptuno, desde fines de enero de 2014 hasta comienzos de diciembre de 2014, marca el final de las ilusiones. Tendré que adaptar mis sueños a la realidad y transformarlos en ideales viables. En realidad debo salir del útero de mi madre interna y estoy lista. Además, por fin aparece la oportunidad de hacer lo que de veras necesito hacer. Aún sin verme capaz la vida me lo permite y, ¿quién soy yo para decirle lo que tiene o no que ofrecerme?. La oportunidad es ahora.

* * *

Querido Sheikh,

El olor de las flores del naranjo y el canto de los pájaros llenan la Albayda en este momento del año. Como esta primavera, mi corazón se renueva. El Amado está en todos lados. Comienzo a sentir esa ternura Suya en mi vida. La grieta entre el sagrado femenino y mi día a día está desapareciendo.

Con amor,

Cruz

FINALES DE ABRIL. EMMETTEN

DÍA 1

W. habla de una forastera que se empeña en querer entrar en un país una y otra vez pero los guardias de frontera siempre la retienen y luego la mandan de vuelta. Dice que alguien tendrá que decirle a esa persona que es una peregrina, una viajera sufí. Se me eriza la piel al caer en la cuenta de que es la historia de la amiga que está pasando estos días en casa. Ha venido a vivir con nosotros porque la han expulsado de Inglaterra por algo de su visado cuando volvía de estar una semana en Francia. Su compañero, que nos conoce, nos preguntó si se podía quedar con nosotros mientras él termina su curso en Totnes. Tras unas semanas, ella ha vuelto a intentar entrar en Reino Unido pero la han expulsado de nuevo, así que ha cogido un avión de regreso a Málaga y ha vuelto a Córdoba. Sé que W. habla de ella. Mi amiga tiene una relación profunda con la tierra, tal vez sea por su sangre de nativa norteamericana. A mi vuelta se lo he dejado caer. Espero que algún día contacte con el sendero.

DÍA 3

En meditación el ojo del corazón se abre. Frente a mí veo a un antiguo maestro Sufí vestido con una túnica azul oscuro. Es delgado, de tez morena y una barba blanca, larga y poblada. Lleva en la cabeza un turbante del color de su hábito. Con sus manos está haciendo girar mi corazón, que noto que arde más y más. El pecho es una estufa, apenas casi aguanto. Siento que en cualquier momento arderé entera. Hay otros maestros repartidos por la sala haciendo lo mismo con otros compañeros.

DÍA 4

La última noche en el retiro, la maestra de mi maestro viene a mis sueños. Me dice que estará siempre cerca de mí para guiarme siempre que lo necesite.

MAYO

PRINCIPIOS DE MAYO
MADRID. VUELTA A ESPAÑA

Delante de mí, en el aeropuerto, veo a una niña rusa (la escucho hablar) cogida de la mano de su madre. Sus zapatillas deportivas emiten unas lucecitas de colores alrededor de un nombre, que puedo imaginar que es el suyo, y que casualmente es el mismo que el de la maestra de mi maestro. Recuerdo lo que me dijo. Reverencio cuán mágico es este camino.

* * *

Ya en Madrid, en el trayecto del metro camino a la estación de tren, veo que todas las personas hablan intercambiándose entre sí una energía muy localizada de cabeza a cabeza. Siento que no están compensadas porque su corazón no está involucrándose en el intercambio, que queda lejos de ser una comunión entre almas. La energía es demasiado mental y burda y algo falta para que, de alguna manera, estén completamente vivos. Habría que bajar esa energía de la cabeza al pecho. No puedo evitar tenerlo claro. Soy ese conocimiento.

JUNIO

10 DE JUNIO

W. me escribe. Me dice que como sufí todo lo que tengo que hacer es honrar, cuidar y mantener un espacio vacío para el Amado.

No pido ver

No pido saber

Solo pido ser usada

30 DE JUNIO

W. está meditando en una habitación del ático de mi casa bajo los pies de su Sheikh. Me invita a entrar y a permanecer junto a él delante de su maestro. Me dice que es importante para mí.

AGOSTO

RETIRO DE MINDFULNESS
HOLY ISLE, ESCOCIA

Antes de venir he hablado con W. Me escribió un correo pidiéndome que no me identifique con nadie ni nada a lo largo de estos días. Me recuerda que "solitute in the crowd" es la actitud correcta de los Naqshbandi. Fuera estamos con la gente, adentro con Dios, así "en todas nuestras actividades permanecemos internamente libres. Aprendemos a no identificarnos con nada". Este es un principio espiritual esencial en nuestra tarika.

DÍA 1

La travesía ha sido complicada. Dos carteles sucesivos en la aduana dicen lo mismo: "A partir de aquí Ud. no puede volver; Ud. no puede llevar nada consigo".

Me subo en un bus a Palsey Street. Le pregunto dónde estoy a una mujer que está como ida. Llego con el tiempo justo al tren. La energía es pesada, plomiza. Cuando tomo el ferri algo empieza a cambiar: parece que Arran es una isla preciosa.

Holy Isle también, aunque es complicado llegar hasta ella. Somos muchos y la mayoría de la gente ha traído bastante equipaje, lo que no ocurre en mi caso que he viajado con una mochila pequeña. Me subo en el primer ferri, en el mismo que viaja el maestro budista que guiará el retiro. En la cena hemos comido flores. Me parece algo cursi, la verdad, aunque se haya hecho con la mejor intención.

DÍA 2

He salido a pasear esta mañana. La isla está llena de cabras salvajes y todo tipo de aves acuáticas. Me he encontrado con una mujer holandesa que habla un perfecto español.

La conferencia de esta mañana ha ido sobre el cuerpo, sobre nuestra relación con él. Teniendo en cuenta que cada estado mental que experimentamos está asociado a una energía suya, es bueno desarrollar técnicas de contemplación que nos permitan ver esa profunda relación cuerpo-mente y aprender a relacionarnos con ella. Reflexiono sobre cómo me cuesta establecer una buena relación con mi cuerpo, tiendo siempre a ir un metro sobre el suelo. Entre otros achaques tengo la tripa mal, llevo años con eso.

* * *

Acompaño a una mujer a lo largo del cauce de un río cristalino hasta donde hay unos restos de basura que ella ha tirado para que los saque del agua. Este sueño habla de limpiarme y de responsabilizarme del cuidado de mi cuerpo, y al hacerlo de mi femenino dejando atrás el miedo de que lo importante es solo sobrevivir. Como W. nos recuerda, el ser humano por el día sobrevive, pero por las noches adora a Dios.

DÍA 3

Hoy toca hablar sobre las diferencias entre una aspiración y una expectativa: la última crea apego porque cuando uno la genera no lo hace desde el momento presente. Hay que poner atención en la atención, educarla, porque es la llave a los estados meditativos. Se trata de aprender a sostenerla voluntariamente. Lo más interesante que encuentro hoy está en un libro escrito por un carmelita descalzo del XVI: "La santidad es vivir la oración porque es vivir el amor y practicar las virtudes, que son las flores hermosísimas y los frutos sazonados del amor. (...) La oración se ha de convertir en vida".

Anoche estuve inquieta. No paré de hablar con una compañera sobre mi sendero. Después me sentí vacía, como si hubiera perdido mi centro y para colmo como si estuviera traicionando la energía budista de la isla. En el cuarto abrí el libro de Sta. Teresa de Jesús que me traje. Me dio la idea de no dejar de rezar. Para estar más tranquila me fui a la *gompa*. Tampoco allí encontraba reposo así que me fui al templo, pero no pude relajarme rodeada de imágenes por todas partes, y subí a ducharme. Luego volví al cuarto a rezar. Al final logré entrar en meditación profunda. Mis maestros llegaron.

Una imagen en meditación: en el interior de la isla, en medio de la naturaleza, hay un templo precioso de marcado estilo árabe y paredes transparentes. Está allí para que pueda rezar tranquila. Después de todo la energía del lugar se abre a las distintas sensibilidades de los que estamos allí y no hay que asustarse de nada ni mucho menos esconderse.

DÍA 4

Observamos la mente dentro del cuerpo. El seminario está construido sobre la idea central de que la emoción es el enemigo a batir. Tiñe nuestra experiencia. Nada es real bajo su velo. Algo me molesta de esto. No quiero renunciar del todo a ellas: bien entendidas y llevadas son una energía poderosa y creativa que nos puede ayudar a practicar nuestra espiritualidad gozando de Su amor.

DÍA 5

Puedo sentir que mi cuerpo va depurándose poco a poco. En los primeros días tuve dolor: la espalda, sobre todo, casi no me podía mover. También el estómago. Hoy comienzo a sentirme físicamente mejor. En cuanto a los sueños, nada de nada. Sin embargo, las meditaciones son cada vez más profundas. Los días transcurren aquí muy lentamente. Demasiado poco movimiento. Llueve todos los días a la hora del descanso y no podemos salir. Tendría que activar más el cuerpo porque este parón trae tristeza.

DÍA 6

Esta noche me he despertado varias veces dentro de un sueño. Me he tocado la nariz para volver. No tengo ganas de tener sueños lúcidos. Me encuentro un poco débil.

* * *

Hoy ha salido el sol. He ido a la punta sur de la isla y he subido a la montaña. Llamé por teléfono a mi familia. Aunque este sitio quede lejos del centro iré más a menudo. La meditación sigue mejorando. Creo que es lo único que voy a sacar en claro de este retiro... disciplinarme con la meditación, lo que es mucho, y por ello estoy agradecida.

Estoy leyendo un libro: *To be a pilgrim, a spiritual notebook*, de Basil Hume. "La elección es entre el misterio y el absurdo". Comprendo que he venido a este retiro a disolver los restos de la cruz católica que todavía quedan dentro de mi. Eso significa disciplinarme en el cuidado del cuerpo. De no hacerlo sé que voy a enfermar de verdad. Necesito más que nunca estar sobre la tierra. El *awareness* es un águila luchando contra el viento mental y debe volver al suelo a alimentarse, a tomar fuerzas. Cuando uno contacta con su verdadera naturaleza cielo-tierra la vida te celebra porque el Amado acaba de tener, gracias a ti, un destello de su humanidad, se ha conocido un poco más. Cuando hacemos el viaje hacia Dios nos convertimos en el hijo del hombre, en Jesús el Cristo.

DÍA 7

El maestro del retiro está enfermo. Viene un chico a sustituirle. Este curso está empezando a desestabilizarme. Entre tanto asceta voy a enloquecer. Hay aquí la costumbre de desmembrar cualquier minúscula cosa. No quiero renunciar a la gestalt de la experiencia ¿por qué destrozar los cimientos de la realidad bajo la lupa de un microscopio?. Además, cuando una ya ha sido más que molida lo que necesita es precisamente lo contrario, reestructurarse, fortalecerse y no dinamitarse.

Me he ido a la cama: no me encontraba bien y además hoy mis hijos viajan en avión, lo que siempre me da un poco de *yuyu*. Tampoco ha venido el maestro, así que por la tarde he aprovechado para subirme al cuarto a dormir. Me empecé a encontrar peor de mi constipado y una chica inglesa muy amable me ha hecho una infusión de jengibre y limón. También me ha dado una bolsa de agua caliente con la que me he metido en la cama. La meditación ha sido estupenda. Mis hijos han llegado bien a Roma. La final del mundial de fútbol la ha ganado Alemania. Hay mucha gente muy contenta por aquí, ¿en qué quedamos?. ¡Después de todo la vida no parece tan horrible!.

DÍA 8

Casi todos se han ido a Brodick o a Lamlash. Yo me he quedado en la cama. Esta noche la he pasado regular, sigo sin encontrarme bien. Los sueños siguen brillando por su ausencia. La meditación, en cambio, continúa mejorando, me siento cada vez más arrobada en ella. También en mis maestros. Puedo mantener ese estado a lo largo del día.

DÍA 9

Me he levantado muy resfriada aunque con la sensación de estar paradójicamente mejor. Esta noche soñé que el cuarto en el que estoy durmiendo está dentro de un avión. Al salir de él me encuentro a mis padres dentro de la aeronave. Ahora viajamos hasta dejarlos de vuelta al pueblo. El sueño es un buen augurio. Espero continuar el retiro a partir de ahora más ligera y de esta forma poder entrar verdaderamente en él.

SEGUNDA SEMANA

DÍA 10

Practicamos Vipassana. Se trata de atender a los eventos discriminando lo que está ocurriendo en el presente y lo que es una producción mental, es decir, una abstracción, humo (el mapa no es la realidad).

* * *

En el sueño estoy sentada en la sala de un juzgado. Asisto, uno tras otro, a varios casos en los que estoy implicada. De repente, alguien que no conozco me acerca un teléfono. Me dice que preguntan por mí. Para hablar me sugiere que vaya al otro lado de la habitación Allí hay una cama. A sus pies se sienta W. Empieza a contar dos veces hasta tres. Algo está a punto de pasar. W. Me dice que no va a poder limpiar todos mis karmas haciendo hincapié especialmente en uno: su raíz se hunde en una vida de hace siglos atrás. En ella tuve predilección por ciertas prácticas insanas que acabaron dañando seriamente mi cuerpo. Ahora estoy en el jardín de la casa de mi abuela. Asisto como espectadora a una secuencia de esta vida. Me entristece. Comprendo a lo que W. se refiere y lo asumo, aunque también sé que esa mujer no tiene hoy nada que ver conmigo. Aún así tendré que hacer el trabajo, soy consciente de que en esta vida lo tengo pendiente, también de que quiero irme ligera. Entiendo la poca relación que tengo con mi cuerpo como un rastro de lo que acabo de ver. Frente la cama, vestida de blanco, le digo a W. que le ofrezco mi pelo.

* * *

Aquí, en la isla, todo está teñido de una piedad ascética que lo hace más un confinamiento que un retiro. La energía masculina me aprisiona. Me he levantado a las cinco de la mañana y me he ido a la sala a meditar.

DÍA 11

He quedado con un voluntario escocés del centro para subir hasta la cumbre de una de las dos montañas de la isla. Espero que el paseo vaya bien porque hoy me he hecho daño en el dedo pequeño del pie. Esta mañana nos han grabado en la sala sin pedir permiso. No me ha gustado. No recuerdo haber firmado nada sobre eso.

DÍA 12

La meditación de la mañana ha sido la leche.

Se me ocurre qué es lo que puedo hacer para trabajar el karma pendiente. Como a una buena mascota que nos hace un buen servicio, así alimentaré, lavaré, vestiré a mi cuerpo. Pero antes debo observar cómo me identifico con él a partir de mis sentimientos. Desde ahí le liberaré de la esclavitud de proyectarle la ilusión que creo que soy. Esto no significa que no esté enraizada a la tierra, más bien al revés, que lo estoy de una manera real. Pensar en ti no eres tú, así que los pensamientos no pueden ser nunca la referencia ¿cómo pueden atormentarnos o dejar de hacerlo?.

He podido ver claramente en la Vipassana de hoy algunos pensamientos: unos emergen y se disuelven con mucha facilidad; otros tienen una raíz energética profunda y se pierden dentro del cuerpo. Esos son los que más me interesan. He ido tras ellos y lo he encontrado. Me he dado cuenta de su ciclo vital: primero son sentimientos mentales, luego somáticos. Al mirarlos se disuelven. Este proceso es similar al que se nos muestra en un sueño lúcido: si lo observamos comprendiendo que estamos dormidos, desaparece. Igual ocurre con los eventos de la mente: si los exploramos sabiendo que son como un sueño, que están vacíos en esencia, desaparecen.

Hoy me he vuelto a dar cuenta de que me están grabando. He ido a quejarme y finalmente me han quitado del plano.

DÍA 13

He comprendido por qué estoy aquí. Como la cruz, constelo energías colectivas, de eso va parte de mi viaje. Debo practicar más y más lo de descansar en la respiración, encontrar un lugar de retiro dentro del cuerpo. De hecho ha habido un gran cambio en mi retiro. He aprendido que la clave está en no identificarme con lo que pasa a mi alrededor porque tiendo a comerme todas las dinámicas colectivas como si fueran solo mías (mi Neptuno en casa 12). Darme cuenta de esto es un gran avance, pues en esta confusión residen muchos de mis tormentos y sustos. Será un trabajo de discriminación que tendré que ir puliendo con el tiempo si es que quiero vivir más ligera.

Ahí va lo que sé sobre esto: soy Cruz, no me olvido, la cruz. Tomo como mía la energía del colectivo y la proyecto inconscientemente sobre él. Constelo lo que se cuece por debajo, suelo ponerme enferma cuando eso pasa. He caído en la cuenta que W. me usa a veces para saber cómo está el grupo. Constelé en el teatro a rebosar de Las Vegas que D.C. es un tramposo. Aquí también he tomado la inseguridad del grupo con el nuevo profesor: ha quedado claro en el episodio de la grabación, me refiero a la pequeña trifulca que ha desencadenado. Ahora más que nunca es importante volver al retiro interno y a la paz.

Cuando estoy muy alterada salir a la naturaleza lo pone todo en sus sitio. Me descargo sobre la tierra. Esta es una instrucción importante para no debilitarnos. Si mi cuerpo es mi talón de Aquiles, tal como me indicó W., entonces ¿cómo trabajar las dinámicas de los demás que acabo tomando como mías?. Ahora empiezo a ver claro que solo es posible cuidando mi retiro diario. Eso lo entendí cuando me rendí al sendero: el maestro me dijo que me fuera sola a una hotel y me olvidara del ordenador. ¡Lo comprendo!.

DÍA 14

He soñado que estoy con W. Es un retiro en el que participamos solo unas pocas personas. He pensado una pregunta pero alguien se me adelanta y la hace. Cuando me toca el turno improviso, hablo con todo mi corazón, le digo que he estado en un retiro budista y que algunas de sus técnicas me parecen muy buenas. Me contesta con ternura: "Claro, pobrecita, siempre estás pendiente de los demás, nunca tienes tiempo para ti. Era necesario que encontraras este espacio". Le contesto: "Ah, es verdad, yo soy *the queen of others*".

En ese momento se me acerca y me da una iniciación. Me introduce, soplando de su boca a la mía una luz que se enraíza en mi chacra del cuello (el tercero, situado en la garganta). Le doy las gracias. Me despierto. Así que estoy aquí para descansar, cuidarme, para encontrar mi retiro interior, mi habitación propia (a lo Simón de Bouvard, pero rodeada de ángeles y maestros).

DÍA 15

Están todo el día poniendo a parir a la ciencia del cerebro, ¡No al materialismo! (me apunto). El maestro de Holy Isle aborrece la imagen del ser humano como un autómata normalizado a base de drogas y eslóganes. Hay que reformar la ciencia hacia la experiencia, dice, cultivar no una mente ordinaria sino extraordinaria. El budismo no es materialista sino empírico. Habla de los arquetipos como lugar de emergencia de los fenómenos. Yendo más allá de Samatha, los atraviesas y encuentras esas imágenes que pertenecen a los comienzos del universo. Todas las manifestaciones sobre la tierra emergen de ahí.

No tengo duda de que he venido a este retiro a encontrar y/o fortalecer un lugar de retiro en mi día a día, porque los místicos a diferencia de los ascetas no nos retiramos de la vida sino que encontramos ese retiro interno en medio de la multitud ("Solitute in the crowd").

DÍA 16

Hoy toca hablar de la imaginación. La realidad no va de lo que pasa sino lo que puede pasar. Y esto no es una cognición, una cristalización que hace la impermanencia permanente. Es una anticipación de lo que puede pasar porque continuamente estamos creándola. Nos creamos a nosotros mismos, al futuro, por eso la imaginación no puede ser conflictiva. Las aspiraciones (que no son emociones) nos ayudan a mantener una actividad imaginativa sana. Se trata de imaginar el futuro mejor que podamos imaginar para todos. No se trata de ser un soñador, sino de andar sobre la tierra. Esa es la compasión: nos lleva a donde hay sufrimiento existencial para aspirar a transformarlo, erradicarlo. La verdadera alegría está en alegrarte por la virtud de los demás. Se trata de ser ecuánimes, de atender a todos los seres compasivamente. La semilla del amor incondicional y de la compasión está dentro de todos nosotros. Tenemos que trazar el recorrido hasta ella, hasta su fuente, y andarlo, para luego tomar refugio en esa semilla del amor.

En el descanso de hoy la asistente en Europa del maestro me ha preguntado sobre mi Sheikh. Le he explicado quién era. Resulta que ella conoció a su maestra, quien hace años también fue la suya. Ella le cambió la vida, le hizo dejar el monacato católico. Fue su interpretación de un sueño lo que lo inició todo. Quiso haberla seguido, pero la maestra acababa de cerrar su piso de Londres para marcharse a vivir a EEUU. La casualidad está en todas partes... Al ser esta mujer la organizadora de este evento, digamos que esta conexión suya con el sendero ha traído también hasta aquí a mis maestros. Gracias a que el día anterior conté públicamente mi marco espiritual, todos ellos han hecho acto de presencia. Efectivamente, el templo árabe del interior de la isla es de paredes transparentes.

DÍA 17

He ido con una compañera italiana a dar un paseo. Hemos llegado al centro justo a la hora de comer. La gente no respeta el silencio. El maestro está comiendo solo en una mesa gigantesca. Su semblante es serio. ¿Pero no era éste un retiro de silencio?. Luego ha entrado en la biblioteca y nadie le cede el asiento, excepto yo, que soy la única que no tiene una conexión con él. Todos tenemos buen corazón aquí, pero algo falta, no sé bien qué.

Día y noche muy inquietos.

* * *

He soñado con W. Estábamos esperando que nos diera una charla. Me dice que no puede hacer este trabajo: tendré que hacerlo por él. Me comenta más o menos lo que tengo que decir. Estoy en *shock*, no lo veo por ningún lado y necesito su ayuda. Cuando comienzo a hablar me sorprende que no digo ninguna tontería. Más tarde viene a verme. Me pide que le explique qué es un centro de paz como el que quiero hacer en Córdoba. Me dice que ese es un trabajo precioso, alineado con la energía del sendero y que quiere ayudarme. Hace un ritual para que el proyecto salga adelante. Ahora me pasa de nuevo el testigo para que continúe con la ceremonia. No me veo capaz aunque W. no para de darme ánimos. Ojeo algunos libros sobre sufismo para sentirme más segura. Comprendo que no me hacen falta: el conocimiento solo llega por la gracia del maestro.

DÍA 18

Vipassana nos ayuda a ver y a limpiar todo el material cognitivo que está velando la luz, nos asiste al limpiar todo ese polvo y a desvelar lo que de veras existe: nuestra luminosidad original. Así que siempre somos reales mientras miramos lo que "no soy yo", lo que creemos que somos. Esta experiencia está siendo una lupa. El desafío es mantener este espacio a salvo. Los cuatro inconmensurables, el amor incondicional, la compasión, la ecuanimidad y la alegría empática, son cualidades de Dios que siempre han estado ahí. Esta es una enseñanza clave budista para la vida de cualquiera. Nos ayuda a poner el foco más allá de lo que le pasa a uno en lo que le pasa a los otros. El cuidado es el don más preciado de la naturaleza humana.

He hablado con la asistente y me han cambiado de cuarto porque sigo enferma y necesito estar sola, así no molesto a nadie con mis toses ni los demás me molestan a mí.

DÍA 19

Hace sol. La motivación es una aspiración que a su vez es una intención y por lo tanto no es nada abstracto.

Nuestras identificaciones nos absorben: empezamos con nuestro cuerpo y mente, seguimos con la familia, los amigos, el país, la sociedad, la cultura, el mundo. Son las muchas capas de nuestra cebolla, el sufrimiento del sufrimiento. Cuando todas estas distracciones se van (y con ellas el sufrimiento y sus formas –ansiedad, depresión, etc.–) nace la compasión. Todo lo que nos separa de Dios es *ninyè* en tibetano.

Los sueños no tienen principio. Esta vida es un sueño, pero tenemos la ilusión de que es una realidad porque nos identificamos con el cuerpo y la mente asociada a éste. Más allá de nuestro cerebro sabemos que el sustrato de la mente es infinito. Miremos a todos los fenómenos enraizados en el substrato de la consciencia y entonces nacerá la compasión. La compasión no es tanto no tener sufrimiento sino no identificarnos con sus causas. Me pregunto... Y si todo es un sueño ¿cómo puedes enraizarte?, porque uno tiene luego que volver al mundo, uno no puede retirarse de vivir, y en medio del mundo podrías de nuevo olvidarte de lo que has descubierto, así que ¿cómo mantener esa claridad?. No puedes estar frente a tus hijos como un monje.

DÍA 20

Último día con el maestro principal del retiro. Ha sido duro pero he aprendido cosas de mí: aún en las peores condiciones sigo adelante. No sé si es eso es bueno o no. Mientras tanto doy gracias a Dios y a mis maestros que nunca me han dejado sola estos días.

Tarde libre. Hemos ido a Lamlash, me he bañado en la playa.

DÍA 21

He pedido a W. que me muestre qué hay escrito en mi sendero. Me ha contestado con este sueño.

Estoy en un centro budista. En verdad es un palacio dentro de una ciudad sagrada. Los guardas-monjes de la puerta se alegran cuando llego. Me dan unas botas moradas para que me las ponga sobre mis zapatos. Me piden que continúe andando hasta el final del *hall* central. Llego al extremo del salón. Hay un perro negro custodiando una fuente circular de la que destilan aguas cristalinas, llenas de luminosidad, como gemas. Si miro hacia arriba confirmo que el agua misma procede de un diamante. El lugar se parece al ábside de una iglesia y tiene una energía especial y sagrada. Estoy hechizada. Me giro hacia la izquierda y voy hasta una habitación en la que una mujer que me indica que me tumbe en el sofá. Va a hacerme una prueba para lo que me pide que abra la pierna derecha. Es algo dolorosa. Me dice que acaba de medirme el coeficiente de distracción: el resultado es 0,2, a lo que continúa comentando que es un coeficiente estupendo para meditar. Llega el monje residente del lugar. Me explica mi situación: aunque solo necesito cuatro años más para poder ingresar allí, él va a exigirme diez porque quiere que me saque el grado de experta meditadora.

* * *

La tristeza que siento no soy yo. Es un objeto, una creación, una emoción que puedo observar. A pesar de todo, hacemos una fusión cognitiva que nos acaba identificando con ella. Por eso las habilidades de la atención son fundamentales para cambiar el discurso que tenemos sobre nosotros, empoderarnos y transformarnos.

He comprendido que algunas de las instrucciones que se me han ido dando a lo largo del retiro no iban dirigidas solo a mí sino también a otra persona con la que he conectado desde el primer día, así que de alguna manera me siento su comadrona espiritual. Recuerdo que al comienzo del retiro le dije que una de las razones por las que estaba allí era ella. Esta reacción pertenece a ese tipo de genialidades que los seres humanos soltamos a veces sin saber por qué, pero la verdad es que los grandes maestros se apoyan los unos a los otros desde los mundos internos.

DÍA 27

Me sueño en la casa del pueblo de mi niñez. Tengo el camisón a la altura del pecho manchado de sangre. Alguien ha arrojado sobre él un pájaro muerto. Cuando me fijo bien descubro que es el caparazón gigante de una animal prehistórico, una especie de escarabajo. Salgo de la casa para buscar otro pijama y de paso ir a ver a la tarika, pero en mitad del camino decido volverme. Cuando entro alguien cierra la puerta con llave y me secuestra. Intento defenderme como puedo aunque se libera de mí y me encierra en un cuarto. Descubro que dentro de la habitación hay un pasillo con una ventana al fondo. Pienso que saldré por ahí... Ahora estoy en la terraza. Dos pájaros sobrevuelan mi cabeza.

* * *

El pecho está manchado con la sangre de algo muy antiguo que después de todo no quiero quitarme de encima porque hacerlo requiere un sacrificio que me espanta. Antes que eso me encierro en la casa. A un nivel psicológico esta historia cuenta la de una mente tomada por un patrón perdido en la niñez que no está dispuesta a soltar. No parezco sentirme con la motivación o la energía suficiente. El pecho seguirá manchado de sangre, a pesar de que solo está en mi mano limpiarlo. Seguiré encerrada, aislada, viviendo tras la ventana… La única opción es escapar al tejado ¿a dónde si no? de nuevo aparece mi fantasía compensatoria. Sin embargo, después ha venido una imagen del hombre presuntuoso, autoritario y violento que a veces se asoma a mis sueños. Yo decidía conducir el coche en el que viajábamos juntos. Lo tiraba por un barranco con él adentro. Tengo que ser firme e ir a por él antes de que pase al revés.

* * *

A pesar del retiro vuelve a enroscarse el escarabajo en el costado, que es el lugar santo del corazón, donde escuchamos y hablamos con el Amado. Viene para contarme que va pegado a mí, a mi piel como una costra, que todo será más difícil de lo que pensaba. No se trata solo de meditar. La verdadera espiritualidad comienza cuando plantamos Su huella en la tierra.

EN GLASGOW

Sueño que todos los del retiro viajamos juntos en un barco. Me duermo dentro del sueño. Alguien me dice que la hermana de una chica chilena está bien en Uruguay, que no se preocupe. Comprendo que estoy canalizando esta información dentro del sueño. Cada uno de nosotros hemos plantado en el retiro una semilla que crecerá con cuidado y tiempo. La mía tiene que ver con el trabajo de esta intuición que hasta ahora apenas si he tomado en cuenta. Luego he visto a esta chica en el aeropuerto y se lo he comentado. Me dado las gracias porque, efectivamente, su hermana estaba muy enferma y ella muy preocupada.

AÑO 2015

MARZO

3 DE MARZO

En meditación. El cuerpo comienza a vibrar más y más. Cada célula entra en profundo éxtasis. Todo el cuerpo tiembla. Jamás sentí ni sentiré tanto amor. El Amado está aquí.

FINALES DE MARZO, ABRIL Y MAYO.

La Zarza Incandescente

"Porque cada luz tiene su propia luz para ser percibida,
y cada luz vuelve visible lo que le pertenece
y le parece invisible en otra luz."

PARACELSO

I

Se ha disuelto el espejo,
debió ser hace poco.
Aún hay trozos de agua,
gotas, por todas partes.

Atrás se ve un umbral a no sé dónde...
un puente sorprendente
–vía hacia *la Vía*–
Noche, día, sombra, luz,
aguardan agitados
tras los primeros pasos de estos pies,
pies que unen mundos, sin heridas
¡Pies desnudos, al fin, frente la Zarza!

El espejo nunca lo ha sido.
Su cascada de hielo
ardió frente a los ojos y el brillo,
del que fue sol helado,
alumbra la aventura.

Marcho adelante,
por este espacio incierto y confiable,
donde las sombras dan ahora luz.

Luz que no miro,
Luz que mira –que me mira–

II

"Lo he perdido todo;
todo, para ganarte",
dice el llanto de la piel hecha despojos,
–la desnudez rosada de la carne–
Perder, dejar, soltar, vaciar...

Asistiré a mi muerte a plazos
sobre la pila bautismal.

¡Ay, pozo del anhelo
por el que los amantes
descienden por el lastre
del voto traicionado!

Corté las puntas de mi pelo
para salir a flote.
Como blanca novicia
recorro un nuevo mundo,
ese que se aparece al borde del espejo
–donde rebosa el agua
y el reflejo se esparce bajo el suelo,
irisado–
yo soy Yo,
–o eso creo–.

III

Las sombras clarean cuando paso,
toman un tono blanco, anacarado.

Ahora sé que nos miras;
que me miras.
Sé que me sabes.
Sé cómo me iluminas.

¡Oh, Luz de asombro,
Luz de la compañía!
Cuánta belleza ahora en esta tierra,
cuánta bondad, Tu espera,
Tu paciencia.

Luz sobre Luz
¡Oh, vida mía!
¡Tuya!

IV

Dentro de mi costilla está el vacío.
Los médicos pensaron que era histeria.
Yo les hablaba a todos de mi daño.
Les conté, uno a uno, que mis dedos
penetraban sus llagas y derrotas en busca
de verdaderos versos.

Y se rieron de mí, de sus lascivias,
y me hospitalizaron por enferma.
"Loca de amor", dijeron
–Mística rota, era–

Los médicos certificaron la histeria.

V

Llegó de madrugada.
Los coyotes
vieron que descendía
desde el cáliz dorado de los astros.
Así llegó ella,
con su extraño linaje
regalo de la Madre.
Ese día bebimos

raíces del desierto,
brebajes de hechicera en honor a la niña.
Dibujamos, tres veces,
un círculo en el viento
y ofrecimos el miedo al espíritu del valle.

VI

Sé que Dios ha de romperme
¡Ay, que tendré que romperme
en esta vida!
Y ya no pido más, solo Su grieta.
Rompe, acábame por donde
hayas de hacerlo.
¡Muéleme!
A estas alturas
solo anhelo Tu vara y Tu medida,
que yo no tengo miedo,
sino a Tu olvido de mí,
a mi descuido.

Rómpeme, Amado,
muele el templo de mi calma y cordura,
muele este cuerpo
si no es Tuyo y es mío.
¡Muélemelo!
Abre la sepultura del ritual celeste,
si es que aún vivo.
Que allá donde hay gozo y retiro
yo tome siempre
Tu molienda y rotura

VII

Un río de lava atraviesa mi pecho
–cuando cierro los ojos
eterno se aparece–
Me precede a mí misma,
precede a los planetas.
Engarza las memorias de todos
los que fuimos y seremos.

Así es como lo somos,
unidos, enlazados
en una mezcla vívida
de amor casi enterrado.
Mezcla de brasas, fuego medio apagado,
medio ardido mil veces.

Tan solo somos eso.
¡Oh, Zarza soterrada
donde siempre arroparse!

VIII

¡Qué extraña la bajada a la tierra!
Mis pies
muestran las torceduras
y espinas del caer
con la luz que clarea.

Sobre esta plataforma
aún se distingue

el hueco del no-espejo
del que llego.

¡Qué extrañeza!
Esta marcha sin vuelta
que ha de continuar
evitando los lagos
–los visos de este cristal pintado–

¡Sal de las fabulosas aguas
donde se cae el narciso
cuyo tallo ha quebrado!
Ve y crece sobre
la Zarza Incandescente

¡Sé!

IX

Belleza extraordinaria
la de este nuevo mundo
que no me pertenece,
porque yo me dejé
–y no me pertenezco–.

Al traspasar el umbral del espejo
atrás de él me quedé,
atrás de él se quedaron las imágenes
a las que me aferraba
para huir de las sombras,
–todas las esperanzas
de mis dulces ancestros que mías resonaban–

Pero esta belleza,
apenas recobrada,
no será para mi.
Soy solo su sirviente
y habrá de hacer conmigo
lo que quiera y le plazca,
porque somos lo mismo,
una sola criatura
amalgamada en luz, blancura y lumbre.
Y he aquí que vacía,
ella podrá vivir,
poblar la anciana Tierra
de amor conmemorado.
Porque soy su lacayo.
Como doncella al amo,
soy cuenco a Su vacío
–radial heptasílabo confluyendo en Su eje–

Así que esta belleza
no ha de pertenecerme,
ahora sé; nunca lo hizo.
No me tengáis rencor porque la veo,
porque no es para mi,
que no soy nadie.
Mi única libertad es dar las gracias,
porque yo ya me he muerto
para que tú la veas y te veas.

No olvides;
esta poesía es Suya.
Solo así se comprende que haya vuelto a escribir
de nuevo, tras la muerte.

X

No hay verso excesivo.
Dentro de la existencia podemos deleitarnos
con el dulzor del vino más preciado
–ubre tan generosa que la apariencia encubre–

Amado, hay todo un mundo
escondido, entre pastos de inédita frescura
desde el que Te floreces,
dando a luz diez mil nombres,
como astros que rondan Tu órbita, incesantes.

Porque guardas Tu arcano
bajo la hondura de la Tierra
que arrodillada admira la cúpula celeste,
este poemario es solo
celebración y fiesta.

XI

Hube de desmembrarme…

Tuve que desarmarme la cabeza
y tuve que quitármela;
echarla para un lado.
Tuve que arrinconarla
para buscar la voz
con la que el corazón
me susurraba de pequeña.
Luego tuve que seccionarla,

y tuve que tragármela.
Llevarla a la garganta y bajarla hasta el pecho,
a su maraña de cal, su candelaria.
Tuve que incinerarla
entre todos sus leños y su gran llamarada,
purificar sus idas y venidas.
En el lecho sacral del costado del hombre,
en el punto central de los ejes en cruz,
entre el cielo y la tierra,
donde los dos océanos se tocan,
se reencuentran,
y el latido del mundo –solo entonces, lo hace–
se descubre a Sí mismo,
¡se me fue la cabeza!

XII

La verdadera vida comienza con la daga
certera, irreparable,
de la espina en el pecho
clavada, picándote,
hasta dejarte tumbada
en la cama, malherida.
–¿Recuerdas?
Era esa astilla negra hundida, donde fueras–

Al hacerte mayor
los médicos se preocuparon
seriamente de ella,
te hicieron sus recetas, aunque nada te hicieran
–el dolor de la niña
destilaba la hiel de la hondura más íntima–

XIII

¡Bajemos, ya, mi Amado
al manto de la Tierra!
Descansemos unidos
donde huele la lluvia.
Te mostraré los valles,
sus ríos correnteras.
Y tumbados, Amigo,
miraremos estrellas.
¡Bajemos ya, mi Amado!
Bajémonos rodando
como locos alegres
la montaña sagrada.
Lleguemos junto al cauce
donde brota la vida.
Te mostraré las yemas
de yerba en la cañada
–su espléndida crecida
por tu Gracia amorosa–
¡Bajemos ya, mi Amado!
Bajemos siempre al verde.
Cavemos con las manos,
con las uñas labremos
de profundo los campos,
desconchemos sus piedras,
hasta tocar la cepa
candente de la Zarza.
¡Bajemos ya, mi Amado!

XIV

¡Oh, canto de los días
en los que el corazón
pudo transfigurarse
en espejo pulido
y el oído del Dios
se dispuso a atenderme!

El precio
fue el de mi cabeza
–"Sin duda, un buen negocio",
dijo el enamorado–

¡Aleluya!
La luz que me acompaña
nunca habrá de prenderse
porque nunca se apaga,
porque es Luz que se mira,
que me mira.
Luz que miro,
Luz sobre Luz
¡Luz habitada!

XV

No me conozco; no.
Yo no sé de esa célula,
de esa primera certeza
que debí ser,
que fui,

que soy.
Pero yo,
yo sí sé,
que mi cuarto está listo,
dispuesto, preparado.
Fui marcando
a mi paso los árboles celestes.
–Tal como esa luciérnaga
va hilvanando la noche–.

Así que ya me he vuelto,
como el ave he tornado
hacia los verdes campos ansiados de la vida.

Perdona esta ignorancia
de no reconocerme que ya no me atormenta
–ya dejé de inventarme–

Inexplicablemente,
después de Tu cortejo,
solo aspiro a servirte.
Soy sierva de tu Anhelo,
que es todo lo que existe.

XVI

Un corazón se abre como flor temblorosa.
Asciendo a un nuevo rizo
de la espiral silente.
Aspiro a desprenderme,
al giro de su esfera,

del *hades* de Perséfone.
Porque hay otra aventura.
La de vivir la luz hasta el fin de los días.

Sobre mí nuevas formas
para viejos combates
–la Zarza Incandescente
se abrasa sin quemarme–

El amor está aquí,
silencioso, certero.
Como un canto rodado, ruedo
sobre su eje.
El amor es el manto
del mundo, de la Tierra, de la mía, la tuya
¡Ojalá que no olvides!

Desentierra la marca
de este hermoso planeta
rebosante de flores brotadas, renacidas.

JUNIO

21 DE JUNIO

Me duermo, me despierto en la cama y me vuelvo a dormir. De nuevo un sueño lúcido. Un *barman* viene hasta mi lecho, me saluda. Le pregunto quién es, me contesta que es el guarda de la casa. Vive allí con toda su familia, eso sí, en otra dimensión, en otro plano, aunque hace años vivieron en cuerpo y alma en esta misma casa. Su nombre es Caronte. Uno de sus tantos quehaceres es el de guiar a las almas hasta el Hades. Me susurra al oído que en poco tiempo iniciará un nuevo ese viaje. Me despierto asustada. Algo dramático se acerca. Tengo miedo.

JULIO

27 DE JULIO

Estamos en los Pirineos. Mi perro Nevado, que es un tanto psíquico, se comporta de forma extraña. No se ha separado de mí durante estos días a pesar de que es bastante independiente. Su mirada, algo triste, me produce una extraña sensación. Me pregunto si es que va a ocurrir algo malo.

Mis hermanas llaman, mi padre está muriéndose. Es verano y no hay billete de tren ni de avión para hoy mismo. Nos volvemos a Córdoba en coche sin hacer paradas. En ocho horas habremos llegado.

AGOSTO

17 DE AGOSTO

He organizado una sesión de meditación en la planta baja de una casa que creo que es la del pueblo. Somos muchos allí. W. está meditando con nosotros. Me recuerda que al llegar le he preguntado algo. Me dice que la respuesta a mi pregunta es justo la opuesta a lo que él me ha contestado. De igual modo así será el proceso con mi padre: primero el huracán, luego todo lo opuesto, la calma. Le doy las gracias por haber venido.

19 DE AGOSTO

Llevo como tres semanas en el hospital. Mi anciano padre se ha despertado esta mañana y me ha dicho literalmente. "Niña, me había echado a morir y hoy me he echado a vivir".

21 DE AGOSTO

Querido Sheikh,

Las noticias sobre el estado de salud de mi padre son estupendas. Ha salido de las dos operaciones críticas a las que se ha sometido. Todo el mundo en el hospital habla de su suerte. Algunos incluso se refieren a él como "el hombre milagro". Yo prefiero darle las gracias a Dios, a ti, a todos los amigos que han rezado por él. Esta pena ha abierto mi corazón, aún más, a Su Unidad. Una lengua de fuego lo conecta con el eje de toda la creación.

Dios te bendiga

Cruz

SEPTIEMBRE

12 DE SEPTIEMBRE

Querido Sheikh, estuve escuchándote en "The shift network" y tengo algunas preguntas.

Cuando hablas de llevar la luz de Dios al interior de la creación ¿hablas de co-creación?. No es solo que nosotros los seres humanos somos Sus hijos, también Sus manos en este planeta. Y ya que somos criaturas con libre albedrío ¿podríamos decir del mismo modo que Él es nuestro hijo?. Durante mucho tiempo tomé el camino del sufrimiento como vía de extinción, un camino de aniquilación que pudiera hacer de mí Su contenedor en esta vida. Sin embargo ahora puedo y necesito vivir en la alegría y la belleza. Y sé que cualquier cosa que haga estará bien porque Él confía en mí ya que una misma no es sino Él.

MEDIADOS DE SEPTIEMBRE

Sueño sobre mi aventura espiritual: una transfiguración desde la cruz latina, símbolo del sacrificio, el sufrimiento y la muerte, a la cruz griega que representa la trascendencia del yo, los ciclos de la vida, el nacimiento, el viaje colectivo. Esa es nuestra aventura como seres humanos, desde la polarización y el conflicto a su integración en el centro de la cruz.

Busco en Internet:

Cruz griega (**crux quadrata**): sol y tierra, equilibro entre las fuerzas, perfección. Se trata de un viejo tipo de cruz con brazos de igual longitud. Es su simplificación más absoluta. Símbolo del equilibrio cósmico entre lo masculino y lo femenino en la naturaleza, representados por esos dos ejes que se cruzan en perfecta armonía. De este modo, tiene un significado "gnóstico", frente a la cruz latina "cristiana".

Cruz latina (de brazos desiguales): evoca la crucifixión de Cristo, aunque representa no sólo a Cristo, sino también el sufrimiento, la salvación de la humanidad y la gloria eterna a través del sacrificio. Pero no hay alegría sin sufrimiento. No existe cielo para quien se niega a cargar con el peso de la cruz...

30 DE SEPTIEMBRE

Querido Sheikh.

En mi sueño de esta noche estabas como un Cristo en medio de la multitud. La gente te empujaba. Estabas haciendo tu camino de pasión antes de dejar este mundo. Sentí que tu vida fue corta, que estuviste poco tiempo aquí en la tierra.

* * *

La purificación que ha tenido lugar dentro de mí debido al proceso de enfermedad de mi padre está relacionada con la aspiración de llegar a alcanzar un estado de completa desnudez, sin apegos. Tomamos la cruz del Cristo sufriente para transfigurarnos en una cruz pagana que abraza la simplicidad de la vida, su alegría y belleza... Dios está en todas partes y puedo sentir el extraordinario milagro de estar vivos. Aún así, este viaje al suelo se me está haciendo penoso porque el cascarón de mi exuberancia, en la que he necesitado distraerme para esconderme del dolor, se está quebrando muy lentamente.

OCTUBRE

20 DE OCTUBRE

La meditación me llevó hacia un estado de vacío infinito que era "Yo". Pude sentir y reconocer que esa negritud y ese silencio era "Yo". Es algo mucho más antiguo que este yo, porque siempre ha sido y será. ¡Hay tanto amor allí, aquí, por todos lados!.

VEINTITANTOS DE OCTUBRE

Estoy leyendo 'For Love of the Real'. Antes de llegar al capítulo en el que W. habla de la sustancia mágica que la tierra oculta en su interior, he tenido este sueño:

Estoy frente a dos montañas. Poco a poco va llegando gente a la que no conozco por todos lados. Por sus paredes cuelgan varias cascadas de hiedras que ocultan las entradas a dos cuevas, una por cada una de ellas. Cincelados sobre la roca hay dos budas azules enormes (que se mueven muy despacio) custodiando esas aperturas que conducen al interior de la tierra. Me miran y me reconocen: parece que soy una asidua visitante de este lugar (lo que ahora recuerdo) y me dejan pasar. Entro por la cueva de la derecha. Una vez dentro vamos bajando por unas escaleras mecánicas hasta niveles muy profundos de la tierra. La gente va dispersándose en las distintas plantas. Quedamos unas cuatro personas para descender al último tramo hasta la galería más subterránea. Allí no existe suelo: no hay nada sólido bajo nuestros pies, solo una capa de agua-barro que nos llega a la mitad de las piernas. Todo está oscuro, envuelto trémulamente en un anochecer-amanecer eterno. En el grupo un chico me indica que estamos en la dimensión desde la que surgen las formas. Para mostrármelo dibuja con su sola intención una casa. Luego pasa la mano por encima de ella y la borra. Comprendo que es el lugar en el que creamos o limpiamos las formas densas de la realidad física, el karma. Me despierto.

NOVIEMBRE

8 DE NOVIEMBRE

Sueño que estoy en un hospital a punto de parir. Llegan las enfermeras y me dicen que no hay señales de que la criatura esté viva. Me inyectan unos sueros. Me dicen que tengo que estar con ese tratamiento al menos durante dos meses. Me acuerdo que llevo ya dos semanas ingresada y que a estas alturas el hijo debe estar muerto. Quiero salir de allí. Ahora me doy cuenta de que no estoy en un hospital sino en el patio de una cárcel. Voy hacia el guardia que está en el control de seguridad. Me dice que para salir debo antes pagar una multa de doscientos y pico euros. Le digo que es demasiado, que debo pagar otras cosas y que no tengo suficiente dinero. Me encuentro con mi hija, quien dice tener influencias para ayudarme. Le pido que negocie el precio de mi multa a la baja. Lo hará. Me quedo más tranquila porque entonces podré afrontar el desembolso y salir.

* * *

Espero no haber dejado caer sobre los hombros de mi hija carga alguna que yo misma debería haber limpiado, purificado. No quiero pasarles a ninguno de mis hijos cualquiera de mis deudas. ¡NO!, definitivamente no quiero esa herencia envenenada para ellos. Me aterra que les pase lo que a mí. ¡Que en mí mueran todos los karmas familiares y propios!...

Independientemente de esta lectura, el sueño muestra una parte joven de mi femenino en la que puedo apoyarme.

DOS DÍAS DESPUÉS

Soñé con una amiga mía de la infancia. De pequeña tenía todo lo que yo nunca tuve (mis padres eran y son muy austeros).

* * *

Recuerdo que eso me hacía sentir poca cosa cuando estaba con ella: era como si mereciera que la vida no quisiera darme lo que yo parecía necesitar. Había algo invisible sobre mí que no me permitía contactar con sus recursos. A mi madre le daba miedo todo y me dejaba hacer poca cosa. Aprendí a hacer mío su recelo, a entenderlo como una incapacidad propia. En la familia alguien llevó esa escasez al extremo y logró con el tiempo discapacitarse (haciéndose agorafóbico). Yo al menos iba a la terraza y allí me montaba en la bici durante horas, a pesar de que tuvo las ruedas pinchadas durante años. Luego me subía al tejado. Me costaba rendirme. Sin embargo, esta estrategia acabaría provocando el efecto colateral de secuestrarme en una fantasía de que la vida está en otra parte. Aún así, de algún modo, me mantuve viva como pude, a salvo. Con el tiempo, acabaría dejando a Dumutti, el único yerno que podía asegurar a la madre de Inanna que su hija nunca la abandonaría.

Cuento todo esto porque el sueño de la prisión es relevante: sigo pagando multas, estoy purificándome kármicamente. Puedo hacerlo. Un femenino joven, no dañado, representado por mi hija, aligera el proceso. Sé que estoy embarazada de un hijo muerto. Pero es que aún hay experiencias que no están listas, que simplemente no pueden estarlo.

13 DE NOVIEMBRE

Estoy en Madrid. Tengo que volver a mi casa en Córdoba. Creo que he perdido el avión. Decido volver en tren. Un desconocido me explica en un plano cómo llegar a la estación de Atocha. Pienso que me va a costar ir desde el metro, pero aún así, lo voy a intentar. Quiero, a toda costa, volver a casa.

15 DE NOVIEMBRE

Estoy en el salón blanco de la casa de mi niñez. W. ha venido para hablar conmigo. Me orienta sobre algo que debo hacer (relacionado con el color morado). Me dispongo a ello pero vuelvo porque me doy cuenta que ahora está dando una charla y no quiero perdérmela. Me siento a su lado derecho. Hay mucha gente. Creo que el hombre maravilloso de mis sueños, le ha preguntado algo y que W. le está respondiendo. Lo cierto es que siempre he sabido que él tiene la conexión. Al terminar, un chico joven y enfermo me persigue para echarme encima su saliva. W. se enfrenta enérgicamente a él. Llega mi madre, muy viejecita. W. la saluda, quería conocerla.

* * *

El maestro interno me cuida. En mitad del ring energético que es el movimiento de nuestra psique, no va a dejar que me venga abajo. La vejez de mi madre muestra que ciertas proyecciones relacionadas con ella se están disolviendo. También hay un masculino debilitado, enfermo, que debe irse. Es impertinente y hay que ser firme con él para que entienda claramente el mensaje. Por contra a este aspecto, se me confirma que mi amigo, ese masculino equilibrado con el que siento que podría hacer cualquier cosa, está alineado con el sendero.

16 DE DICIEMBRE

Una mujer de ojos extraordinariamente verdes me dice que mis ojos son preciosos "también son verdes, como los míos", comenta. Le replico que, en efecto, son verdes aceitunados... Son como los suyos, solo que ella los tiene más claros. Me sonríe. Sus ojos brillan como energía verde.

* * *

El Verde, *Khidr*, es un personaje de la tradición Sufí. Representa a la verdad, la sabiduría divina en este plano fenomenológico de la existencia porque el verde es el color de la luz del chacra corazón, del amor, el lugar donde están estampados los 99 nombres de Dios en la tierra.

30 DE NOVIEMBRE

Querido Sheikh, el amor está aquí, silencioso.

Como un canto rodado ruedo sobre su eje.

Un proceso de siete años, que empiezan a contar desde que Inanna se hundió en el fondo del mar acaba de terminar, se ha cerrado hoy. Asciendo a un nuevo giro de la espiral mística en el que anhelo estar algo más ligera. En frente se vislumbran los nuevos desafíos, son las nuevas formas de los viejos combates, porque al final todo va de lograr permanecer más y más tiempo en la luz.

La semana pasada vi a mi amiga de la tarika en su simple, pequeño, blanco y frio apartamento. Meditamos. El amor nos reunió contigo bajo el mismo techo. Las ausencias rodaron por el cuarto y pudimos honrarlas. Gracias Amado por el milagro de la vida, de esta vida abriéndose continuamente como las alas de un mariposa recién nacida. No te olvides de este bello planeta.

AÑO 2016

ENERO

11 DE ENERO

Me siento al lado de una compañera de la tarika. Nos saludamos la una a la otra contentas. W. se acerca hacia mí. Va vestido de blanco con chaqueta dorada. Me pide un baile. Nos ponemos a bailar juntos, me descalzo para estar más cómoda. Me pregunta por mi servicio, le digo que ahí sigo, intentando ayudar a la gente a expresar su yo más auténtico.

FEBRERO

MEDIADOS DE FEBRERO. DEVON, INGLATERRA.

Estas noches no paro de trabajar. En uno de los sueños aunque llego tarde a la charla de W. tengo un sitio reservado porque saben que últimamente no doy abasto.

* * *

Querido W.

Acabo de volver de Inglaterra, de Devon, en donde he estado los últimos diez días. He comprendido lo que significa trabajar con la luz de la Tierra. El bosque alrededor del college, el río Dart, las colinas, la lluvia, el sol, me conocían. Bailamos juntos, me dieron su ternura, foco, atención; su ayuda. La Tierra quiso darme claridad para que yo fuera capaz de expresar lo que ella necesitaba ver realizado. He entendido durante estos días lo que es el Servicio en mayúscula, porque la tierra es un socio y uno puede responder a la necesidad del momento asistido por ella.

Antes he tenido que comprender (¡otra vez!) que mi atormentado mundo emocional es una gran ilusión: muchos de los sentimientos que creía míos están más allá de lo que verdaderamente soy. No me refiero solo a las proyecciones de mis sombras sobre los demás, de las que más o menos sé, sino especialmente a las de los demás sobre mí. El proceso ha sido curativo porque me ha ayudado a manejar con discernimiento mi fobia social. Siempre he absorbido con profundidad los sentimientos y las emociones de la gente hasta el punto de pensar que eran "míos", lo que resulta devastador. De ahí que arrastre ciertas dificultades cuando interactúo con otros... Mi respuesta usual a esta frustración ha sido la de aislarme, apartarme, confinarme en casa. Sin embargo, estos días he visto más allá de este velo del ego que tanto me limita.

Comprenderlo me ha dado la claridad para ver por encima de mis dramas pudiendo responder a la necesidad del momento. Una vez fuera de esta confusión, gracias a la Tierra, me he sentido libre para dar crédito a lo que de verdad siento y manejar esta nueva luz a través de los distintos encuentros que he tenido durante estos días. Al hacerlo, fue, de algún modo, como si también estuviera siendo usada por el Amado, y no hablo de nada especial o esotérico, sino de algo simple, honesto, real. Más tarde he sabido que algunas personas con las que conversé salieron tocadas por las cosas que les dije. De alguna manera les fue posible encontrar respuestas que ni siquiera sabían que buscaban pero que comprendieron como esenciales con respecto al momento vital que estaban atravesando. Así que me he dado cuenta de que no tengo que hacer nada especial o grandioso para ayudar a otros. Solo estar abierta en mi día a día a sentir, escuchar y nutrir mi relación con la Tierra.

Hoy estoy de vuelta en casa. Este estado de atención y claridad parece que mengua. No sé si tiene que ver con aquel lugar, quizás con la relación especial que hay entre la comunidad del *college* y la Tierra, o con las semillas plantadas por su fundador Tagore, o tal vez por todo a la vez... Seguiré cuidándole a Aquel a quien amo viviendo con *Adab*, meditando, rezando, nutriéndome con salud, cuidando a la Tierra, a mi gente, y eso es todo.

Me gustaría preguntarte sobre la danza entre la luz de la Tierra y la disolución, la nada del Amado. Estos días pude sentir que ambas trabajan juntas a través nuestro, ¿ocurre continuamente o solo en aquellos lugares en los que la Tierra aún mantiene viva su memoria de Dios?

Con amor

Cruz

MARZO

UN DÍA DE MARZO

Estoy en Londres. Saco mi billete de tren a St. Michel, Francia, en una ventanilla de la *Victoria Station*. Tendré que atravesar el Canal de la Mancha bajo el mar para llegar allí. Estoy feliz. Leo que St. Michel es un sitio energéticamente poderoso.

Imagen en meditación: excavando la arena del fondo del mar encuentro una joya.

* * *

Salgo del mar medio aturdida. El hombre violento que a veces viene a mis sueños quiere arrastrarme con él hacia dentro de las aguas. Poco antes he podido soltarme de sus brazos y ahora estoy de vuelta en la misma playa desde la que hace muchos años partí al interior del océano. Regreso al pueblo de mi infancia en donde recuerdo haberme despedido con gran pesar de mi perra Goa antes de liar el hato. Un hombre me invita amablemente a tomar una infusión en el bar de la esquina de la calle donde estaba mi casa. Me comenta que tiene una sorpresa para mí (me doy cuenta que es W. disfrazado). A lo lejos puedo ver a una señora mayor (la maestra de W.) que se acerca hacia nosotros ¡junto a Goa!. Me dice que la ha estado cuidando todos estos años en los que he estado ausente. A estas alturas ya la había dado por perdida y al verla de nuevo me emociono muchísimo, no cabe en mí la gratitud que siento hacia la mujer. Comprendo que, como Inanna redimida, estoy de vuelta del aventurado viaje al interior del piélago. Goa me hace sentir la persona más feliz del mundo, me siento afortunada, no quepo en mi gozo. Sé que con ella se me ha devuelto la canción de mi propia alma, la memoria de mi espíritu aquí en la tierra.

* * *

Capítulo relevante de esta aventura que marca un antes y un después: la heroína ha vencido y obtiene su recompensa.

ABRIL

27 DE ABRIL. EN ZÚRICH, DOS DÍAS ANTES DEL RETIRO DE EMMETTEN.

Sueño que el Sheikh nos dice que la actitud correcta para este retiro es la de la apertura y la alegría. Me viene una imagen de un campo de helechos plantados en hileras, como viñas, con flores anaranjadas.

* * *

Sueño con mucha gente entrando a mi casa llenando hasta rebosar los cuartos. Todos están alegres. Aunque al principio me agobio comprendo que debo darles un espacio: la consciencia los ha reconocido y tengo que estar a la altura de las circunstancias. Son nuevas partes de mí, llegadas tras la victoria, que se ofrecen para asistir a este retiro.

Sé que no he venido a Suiza a hacer ningún trabajo psicológico ¡al fin¡. Estoy aburrida de desperdiciar el tiempo solo en mis corrientes emocionales. Ya he salido del mar y esta nueva energía la pongo al servicio del Sheikh, los maestros y el Amado, para que la usen, me usen, para que tomen de ahí lo que sea necesario para hacer el trabajo que se necesita hacer en estos momentos. Definitivamente este retiro no es un viaje personal.

28 DE ABRIL

Me despierto. Lo siento con claridad, no importa quién soy. No vengo a tomar nada, solo a ofrecerlo todo. Soy una gota en el océano. Es imposible ser alguien.

Manto,
brizna del océano
sin espinas.
Milagro del agua.
Llegan
a Ti los rizos,
donde todo converge.
¡Qué alegría vivir
rindiéndose al azul!,
Flotando,
como niños sobre el agua.

Siento que reencontrarme con mi perrita Goa ha sido clave para estar aquí de la manera en la que estoy. Me viene a la cabeza un sueño en el que tengo que romper el hormigón del suelo con un pico. Se me dice que mi tarea es el trabajo duro y pesado de ir abriendo nuevos caminos a los demás.

* * *

Otro sueño: estoy en medio del océano sobre un pequeñísimo trozo de tierra que poco a poco las olas van inundando. Tengo miedo. Comprendo que solo soy una gota de agua en el océano de la vida.

* * *

Es por la tarde, ya estoy en Emmetten. W. ha llegado a la sala de meditación a probar el sonido. Estamos cuatro. Me ha saludado. He meditado. El corazón se me salía del pecho. Me he observado diciéndome: "tranquila, esto es tan solo una reacción automática del cuerpo. No eres ni mucho menos tú porque tú no eres nada". En este retiro no interesan este tipo de dramas personales. En la charla de hoy W. ha hablado de que para estar con los Sufís hay que dejar atrás el ego. Porque como somos mucho más que solo eso para saber lo que verdaderamente somos tendremos que ir antes desapareciendo poco a poco...

No he dormido casi nada. Las estrellas son preciosas. He meditado. He escuchado el sonido del platillo de una batería en mi cabeza. He comprendido que quiero hacer este retiro a los pies de mi Sheikh.

29 DE ABRIL

Esta mañana he pedido una silla de suelo y aunque siempre hay alguna que sobra, no queda ninguna libre. He improvisado una con varios cojines del cuarto. La verdad es que es incomodísima. Me estoy partiendo la espalda a la altura del riñón. He sentido mucho dolor, aunque he podido completar la meditación. La charla ha ido sobre la madurez espiritual. Para mí tiene mucho sentido en este momento. Las conclusiones que saco son dos: el camino no es nada en sí mismo, solo ayuda a preparar un contenedor para que dentro de nosotros Dios pueda expresarse. El sendero no va a darnos nada: somos nosotros los que le damos todo y si aún tenemos la necesidad de que nos resuelva algo es que no estamos espiritualmente maduros.

La guardaespaldas espiritual de W. se me ha acercado y me ha dicho que está contenta de verme. Alguien del grupo ha hecho una pregunta a W. sobre un sueño que tuvo. Él le ha contestado algo relacionado con que estaba en una prisión 3D. Eso me alertó sobre el peligro de ser psicoterapeuta, en el sentido de que puede ser un freno para lograr la madurez espiritual. La psicología es sierva del ego: cuando algo te parece interesante… ¡desconfía!, casi con toda seguridad no es bueno para tu corazón. Pienso que mi verdadero doctorado será el de completar el *servanthood* del corazón. Cuando esté terminado adentro emergerá a la dimensión más externa de la vida en la forma de un título universitario.

30 DE ABRIL

Esta mañana casi me parto en dos de dolor durante la meditación. No he parado de llorar, le he ofrecido mi desconsuelo a Dios. La mujer de al lado le ha dicho a W. que estoy sufriendo mucho. Al volver a la sala tras el pequeño descanso W. me ha preguntado cómo me siento. Le he respondido ¿"yo?", y me ha contestado: "Yes, Cruz, you". Le he replicado que con alegría por el trabajo, pero con un dolor extremo en mi cuerpo. Me ha sugerido que me apoye en la pared o que me siente en una silla. Le he contestado amablemente que prefiero continuar en el suelo. Entonces él ha comentado que a veces Dios quiere nuestro dolor. Se ha puesto hablar de aquellos retiros en los que la gente hace algún tipo de trabajo corporal, en contraposición a los nuestros, tan complicados para el cuerpo. Por que nuestro trabajo es el silencio meditamos mucho y esa es toda la actividad que le damos.

La meditación de la tarde ha sido un desastre. Estoy enfadada, pero ¿cómo puedo enfadarme? ¿acaso no Le estoy ofreciendo mi dolor?. En la pausa me he ido al bosque, he pedido conexión a la naturaleza. Los árboles comenzaron a mover sus ramas y el viento me ha impregnado con la belleza de Dios, no con su dolor. Me he quedado más tranquila. Recuerdo que W. ha dicho que, después de todo, la meditación no es tan importante y que eso de sentirse bien después de una buena meditación (y claro, también mal, después de una mala) es una ilusión. Así que me estoy tomando todo esto como una prueba de *servanthood*. Ya le dije al Amado el primer día del retiro que no quería nada para mí. Entonces ¿cómo puedo ahora enfadarme?. Ese fue mi voto para este retiro: todo para Ti.

Comprendo que el *servanthood* no es ni más ni menos que la madurez espiritual. Con ella se acaban las ilusiones espirituales, los fuegos artificiales, los dramas, y comienza el verdadero trabajo, que es para lo que hemos venido aquí. Amado, haz lo que tengas que hacer conmigo. Para el servicio es igual de importante rezar, meditar, practicar el mantra, que discriminar, porque solo la verdad dentro de nosotros hace única nuestra ofrenda. Con ella es con la que conectamos cuando nos entregamos con sinceridad a la vida. ¿Cómo es mi alma?. La he recuperado hace poco. Es Goa. A ratos no me acuerdo y la abandono.

MAYO

1 DE MAYO

El retiro se ha completado. Al final de la meditación llegué a tiempo para responder a W. "¡Sí!" a su pregunta del primer día "¿queréis entrar en la morada de la multidimensionalidad?". Antes de terminar la meditación de hoy sentí que debía responderle y le dije "¡Sí!, ¡sí quiero!" hasta tres veces. Esa soy yo: siempre llego, pero en el último momento. Soy lenta, pero a pesar de todo llego. Así se expresa la energía de un sol, un mercurio y un marte en Tauro. Ahora estoy emocionada, llena de amor, agradecida.

He vuelto con Goa. Sé que es mi alma y nunca más voy a abandonarla. Representa Sus cualidades escritas con tinta dorada en mi corazón para vivir en esta vida. Volveré a ella para que me dé discernimiento y discriminación. Cuando estamos juntas me siento libre y puedo abrazarlo todo.

* * *

Sueño con una casa pequeña y tétrica en la que se ha cometido un asesinato con el objetivo de que mis padres puedan irse a vivir allí: a una bailarina le han cortado sus pies.

* * *

Lo cierto es que ayer, tras finalizar el retiro alegre y confiada de lo aprendido, bajé la guardia... Entonces la niña volvió a darles un sitio principal e inadecuado a la voz de sus padres internalizados, esas voces paralizantes de la infancia que una, henchida de vanidad, cree haber dejado atrás. "¡Sí, sí, sí!", les dije "podéis regresar, eso sí, sin ocupar el sitio central y abusivo que acostumbrabais a tener". Pero no fue correcto. No estoy ni tan fuerte ni tan preparada como creo. La inmadurez llegó a sus anchas (y junto a ella el ego) en cero coma uno. Aún me queda mucho camino por delante para aprender a discernir.

Y cuando una va hacia el Amado no puede sacrificar su libertad de expresión, su creatividad, que es lo único que puede ofrecerLe. No volveré a aislarme, a cortarme los pies. Pero tampoco puedo enfadarme por esto porque hasta hace poco apenas si sabía quién era yo (o mejor dicho quién no era). Debo ser paciente, la autocompasión es la llave maestra que abre la puerta del umbral que conduce al Amado.

* * *

Otro sueño: Es de noche. Un amigo muy querido y yo estamos juntos en una isla. Vamos a cruzar a la orilla de enfrente, donde se ve Córdoba iluminada. Pero nuestra barca no tiene remos y el mar comienza a enfurecerse así que los barcos tienen que amarrarse rápidamente al muelle y el tráfico se para. Le propongo a mi acompañante buscar agujeros en el suelo desde los que podamos salir de allí lo antes posible. A mitad del camino se nos une un amigo budista. Encontramos unas escaleras que continúan bajo tierra. Al fondo de ellas hay agua. Las bajamos, salimos a la calle principal de un pueblo. Es parecido a un parque temático, hay un abrevadero de chocolate y menta. Lo probamos y nos gusta, aunque no me sienta bien. Sin embargo, parece que me conformo con quedarme allí. Luego llegamos a un *pub*. Cojo de mi bolsillo el único trozo de comida que aún me queda. Es una hoja de hierbabuena pura y riquísima que me como. Los camareros también me ofrecen otra de las suyas pero me sienta a morir y me enfermo. Comprendo que es vital que solo tome mi propia comida, es lo único real de este sitio que es una copia burda (y una distracción) del mundo verdadero.

* * *

Esta isla es también la de Idries Shah, pura ilusión. Es la confortabilidad pero no es la vida. La isla nunca es el destino, ni tampoco el camino. Debo coger el barco (la consciencia espiritual) y salir de allí lo antes posible, es cuestión de vida o muerte. No puedo volver a abandonar a Goa, ahora la responsabilidad de su cuidado es solo mía. Nutrirme de manera incorrecta podría matarnos a las dos. Tengo que tener cuidado de lo que me alimento y tomar plástico es puro veneno. Los parques no podrán sustituir nunca a la naturaleza, son su copia más vulgar. ¿Qué versión pretendo seguir viviendo de mí?. ¿Quiero ser real o no? ¿Acaso puedo elegir a estas alturas? Creo que que no.

3 DE MAYO. HOSPITAL

Este retiro de Emmetten ha sido muy fuerte. Es mi cumpleaños. Ayer regresé a Córdoba. El asiento del avión tenía colgada una pequeña publicidad cuyo eslogan decía "Eres el guardián de la Tierra". Lo he sentido como una confirmación de que he completado el retiro. Soy algo más que el guardián de mí misma. Respondo a la necesidad de la vida que hoy reclama nuestro servicio total a la Tierra. Me encuentro fatal de la espalda. No puedo soportar el dolor. Después de la comida con mis hijos me han ingresado en el hospital. Tengo una infección bastante seria en el riñón derecho. El pobre no da abasto de tanto limpiar.

* * *

Sueño que me da miedo ir al baño. Está lejos y aislado, y por el camino hay algunos borrachos que podrían hacerme daño. Sin embargo, me doy cuenta que no son mala gente y al final voy hacia ellos. Al acercarme me indican amablemente dónde puedo encontrar un baño en mejores condiciones. Llegar hasta él solo supone coincidir por el camino con un hombre que puedo ver a lo lejos. Al aproximarme a él comprendo que está enfermo, también que sus sentimientos hacia mí son buenos y que no me hará daño, de hecho, en cierta manera me ama. Sé que su enfermedad es necesaria, pero también que es pasajera. Entro en el baño. Es muy confortable y puedo usarlo con total tranquilidad.

* * *

Estoy purificando, de ahí la crisis renal. También sé que voy a curarme. Teniendo a Goa conmigo no tengo miedo. Ella es confiada, paciente, lo acepta todo, ama incondicionalmente, es grata, pacífica, nada dramática, tranquila, es fiel. Junto a ella puedo ir a cualquier sitio.

* * *

En la habitación del hospital he tenido una experiencia de *faná*, de disolverme en la nada. El Sheikh venía a visitarme pero estaba completamente vacío, era la misma habitación, era un espacio. ¡W. es un espacio vacío!. Este entendimiento me conecta con la vivencia de ser un iceberg, con sus capas ocultas que son las de la consciencia. Me he asustado. He dado un respingo de la cama llevándome por delante algunos cables y un catéter.

* * *

30 DE MAYO

Querido Sheikh,

Esta convalecencia me ha hecho sentir vulnerable, también sensitiva con los ritmos de la vida. Me ha conectando con una miríada de sutilezas. De alguna manera me está ampliando los estrechos límites de la realidad en los que he estado acostumbrada a vivir. La vida se me está revelando con una profundidad y una anchura sin límites y la gota de agua del océano que cada uno de nosotros somos se me ha mostrado a través del cristal de hielo de la punta de un iceberg. Ese pequeño cristal tiene la consciencia de todo el témpano ¡cuán absurdo sería para él identificarse solo con el fenómeno individual y aislado de su leve existencia!. Del mismo modo que el agua templada del océano va cubriendo progresivamente al iceberg, su agua me irá poco a poco esculpiendo hasta que algún día me disuelva por completo. De ahí que la gota del océano, ahora un cristal de hielo, retornará a su estado original gracias a la calidez del amor que todo lo pone en su sitio. Confío y me siento en paz con lo que está pasando. Estoy aprendiendo a dar crédito a lo que percibo con mis sentidos internos, a darle un lugar en mi vida.

Con amor

Cruz

JUNIO

12 DE JUNIO

El retiro aún no ha terminado... hasta ayer. He tenido la certeza de que fue ayer cuando me curé del todo. Estuve medio dormida, en una especie de autohipnosis durante un tiempo, un estado muy vivo lleno de imágenes de cura. Me he despertado por primera vez en un mes sin dolores. He comprendido: mi camino es el silencio, ¡qué difícil!

FINALES DE JUNIO

Hemos ido a la boda de dos amigas en Los Pirineos. No he parado de bailar durante horas. Me he hecho daño en el riñón. El dolor me ha hecho pensar en lo importante que es en este momento salir de la isla, de la distracción, no comerme el chocolate de la fuente ni las hojas de menta que cualquiera me ofrece. Se trata de trascender lo sensual y conectar con el sentido más alto de la música, la comida, la fiesta.

Escribí a W. y me contestó. Me habló del amor como fuego que purifica y nos transforma en siervos de la vida. Habló de la alquimia de partir de la naturaleza humana y de llegar a lo divino desde y a través de ella. Y al final eso es lo que necesito, lo que todos necesitamos: integrar la multidimensionalidad en nuestra normalidad, en nuestro trabajo y servicio diarios. Eso es a lo que le dije ¡sí! en Emmetten. Y no hay atajos. Se habrá de purificar toda la oscuridad para dar con la luz del oro que habita dentro de ella porque solo se cura una integrando lo que sabe. Solo una aprende música para tocar un instrumento, en mi caso las cuerdas de la guitarra (las diferentes dimensiones de la existencia) armonizadas en una sola melodía, porque todo es Su unidad. La multidimensionalidad se expresa de arriba abajo o de abajo a arriba, es decir, verticalmente (así como es dentro es afuera, así como en el cielo es en la tierra) y horizontalmente (yo soy tú, tú eres yo). Es la cruz griega que venimos a recomponer dentro de nosotros desde su centro.

JULIO

3 DE JULIO

Voy a la universidad a hablar con mis profesores del departamento en el que voy a hacer el doctorado. Me dirijo a ellos con un discurso completamente deshilachado, sin sentido. Lo estoy pasando fatal e intento disimularlo, pero no puedo, es muy evidente. La profesora me dice que no he estado mal sino peor, también que tengo que ir al médico porque parece que estoy enferma. Me despierto.

* * *

Está claro que el lenguaje académico no es mi lengua. Definitivamente el doctorado que debo sacarme es en *servanthood*. Me viene a la cabeza que la misión del poeta, del artista, del místico, no es la de ser absorbido por el esplendor de la verdad que aprende, sino dejarse ser transformado por ella. Como consecuencia, su camino tiene una función social: inyectar en la corriente de la vida la dirección que se necesita en este mundo. Mi camino es el silencio. Nada más.

13 DE JULIO

Entro un bar y allí están W. y mis antiguas compañeras de grupo. Parece que me estaban esperando. El Sheikh me dice que tengo que ir al centro de California: me han preparado un contrato laboral y debo firmarlo. Voy al baño. Al volver, W. ya no está. Me comentan que tenía una herida y ha tenido que ir a curársela.

Acabo de llegar a CA. La mujer de W. me recibe. Está triste y preocupada por él porque no para de trabajar y siempre está fuera de casa. Me invita a entrar en el edificio. Hay mucha gente de la tarika que reconozco y me reconocen; todos se alegran de verme.

W. acaba de volver. Me hace llamar. Me comenta que un ciego le hirió la pierna con un puñal (un aspecto masculino inconsciente de la psique que aún podría debilitarlo) pero que al final no ha sido nada. Me da sus dos perros para que los cuide (un pastor alemán y una labradora), de lo que me alegro porque me encantan los perros. Vamos juntos hasta la sala en la que suele dar sus enseñanzas. Al llegar me pide que diga unas palabras a los demás. Recuerdo que improviso algo sobre la actitud: es todo lo que importa en esos momentos, comento. Salimos. W. me enseña un contrato de trabajo escrito con unas letras doradas que está a mi nombre. Lo firmo con agradecimiento. Me siento muy feliz. Hay una fiesta hasta las tantas.

Todos estamos borrachos. W. me ofrece una botella de cerveza dorada para que la guarde en un estanque de agua transparente y pueda conservarse mejor.

* * *

Los Sufís somos conocidos como los ebrios, los borrachos, los locos de Dios. La cerveza es una representación de la sustancia divina, de la conexión con Dios dentro de nosotros. Por el contrato de trabajo me acabo de comprometer a servir al Amado. Por fin soy un miembro de la comunidad con todas las letras. El patito feo comprende que no era un patito, simplemente ha encontrado su sitio. Los dos perros simbolizan un nuevo mandala de integración más espiritual que recoge las cualidades de mi alma.

AGOSTO

15 DE AGOSTO

Esta noche me he casado con Dios. He subido a una montaña y en una curva del camino, vestida de blanco, con un ramo de flores blancas, me he casado con él.

* * *

Es un sueño relevante. También una continuación del anterior. Cuando entregas tu alma a Dios, esto es lo ocurre: el matrimonio sagrado entre amante y Amado, una de las estaciones clave del sendero místico Sufí. El amante se casa con el Amado cuando es Uno con Él, de tal forma que el primero es absorbido por el segundo.

SEPTIEMBRE

1 DE SEPTIEMBRE. IBIZA

Estoy tendida en la camilla de un quirófano. Hay varios médicos a mi alrededor. Me están operando para unirme el corazón al pulmón a través de la colocación de un pequeño *bypass*. El postoperatorio es muy duro. Me duele mucho, aunque voy mejorando poco a poco. Los médicos me dicen que tienen que volver a operarme porque han hecho algo mal. Pienso que tendré que pasar de nuevo por todo el sufrimiento y tengo miedo. Mi amigo también tiene miedo de que me tengan que volver a operar y trata de convencerme de que no lo haga. Aunque he decidido irme del hospital antes quiero preguntar para qué tienen que volverme a entrar en quirófano. Una mujer vestida de blanco me dice que ella es el Amor. Me necesita para poder trasmitirse a través de mí, es del todo necesario. Entonces me quedo en el hospital para someterme de nuevo a la operación. Los médicos están contentos. Me duermen con la anestesia. Me despierto.

* * *

Estos días he estado pidiendo a mis maestros que me ayuden con el mantra y con la respiración. El sueño va sobre eso: va de respirar con el corazón e impregnar con cada exhalación esta vida del aliento del Amado. Aunque me cueste el doble, al final merecerá la pena.

* * *

Por la tarde he meditado. Tuve miedo de lo que significa mi nombre, Cruz. Me da miedo el dolor del cuerpo. He abierto aleatoriamente un libro de W. La frase que me encuentro es la siguiente "Hay que tomar responsabilidad individual por los arquetipos". Pone el ejemplo del "Ouroborus" y del mito de Perseo y la Medusa para explicar que necesitamos el escudo de la consciencia para dar un sitio correcto a la energía del mundo arquetípico. Solo así esta podrá jugar a favor del cambio de paradigma que tanto se necesita. Mi amigo me dice que él mismo está estudiando el "Ouroborus". Me pica una medusa por primera vez, comprendo que aún necesito trabajar mi escudo de consciencia. La leyenda de Perseo habla de que la mañana en la que nació hubo una lluvia dorada sobre el océano. Meditando frente al mar cierro los ojos, al abrirlos veo la lluvia dorada sobre el agua, un efecto óptico extraordinario del sol. Fue un instante de Unidad.

Llega un momento en el sendero en el que la vida es mágica.

SEGUNDA SEMANA DE SEPTIEMBRE. CÓRDOBA

Querido Sheikh,

Nuestra tarika está de retiro en los mundos internos. Han llegado gentes de todas partes, se respira una nueva energía, muy joven, también algo revoltosa y difícil. Te estamos esperando a que bajes de tu habitación del hotel, pero no lo haces. Subo a verte, vistes completamente de dorado. Me dices que prefieres que me quede en la puerta. Te pregunto si te reunirás con nosotros. Me contestas que aún no lo tienes claro. Algunos budistas también están abajo esperándote, entre ellos el Dalai Lama, que parece asustado por el extraordinario ímpetu de nuestra energía. Al final suspendes el retiro. Pides a un pequeño grupo de personas que subamos a hablar contigo. Nos comunicas que a partir de ahora no trabajarás más con la tarika de forma grupal. En vez de eso, vendrás a visitarnos a cada uno mientras que trabajamos (recuerdo que soy agricultora). Me emociona tu implicación con nosotros y el cuidado que con el que nos tratas, y me echo a llorar.

* * *

Al despertarme no puedo evitar sentir que todo ha cambiado, lo sé. El grupo, tal como lo hemos conocido hasta ahora, va a experimentar un cambio porque ya no existe como tal en los mundos internos. Siento que éste es un sueño importante. Como todos tiene varias capas: desde una más individual, relacionada con mi propio mundo espiritual y en concreto con la potencia con la que trabaja la energía de este sendero, que está arrasando con los restos de mi búsqueda budista, hasta otra más colectiva. En ese sentido siento que el sueño es una premonición que nos afecta a todos nosotros.

19 DE SEPTIEMBRE

W. va a Madrid a dar una charla. Me sorprende y me alegra. Cuando me ve se me acerca sonriendo diciéndome "nuestra tarika está en un proceso de mediterranización".

* * *

Me hace pensar qué puede significar este concepto. Es evidente que nuestro grupo está fundamentalmente formado por europeos del norte. Hoy parece que la energía de la tierra está cambiando, las líneas ley y sus chacras se están desplazando. Tal vez la vida necesita ahora, en pleno siglo XXI, otro tipo de trabajo. Si los Sufís somos "la pupila del tiempo" esto debe significar algo muy concreto, ¿el qué?. Tomando un criterio climático, tal mediterranización podría apuntar a una desertización, y el desierto es "la tierra prometida" de los Sufís. Pero si en cambio optáramos por un criterio histórico, tal vez apelaría a una fragmentación. ¿Significa esto que el grupo se está desintegrando?, y de ocurrir así, ¿solo nos está pasando a nosotros? porque podría estar ocurriéndole a todo a nuestro alrededor y en ese caso este mundo, tal como lo conocemos, estaría a punto de desaparecer...

OCTUBRE

PRIMEROS DE OCTUBRE. TERUEL

Estoy en la cárcel por ser psicóloga y ayudar a la gente. Una voz me dice: "Eres buena". Lo sé y me pongo a gritarlo. Veo aparecer una puerta sobre el muro del módulo. La abro y salgo por ella. Estoy libre.

* * *

Las palabras verdaderas salen del cuerpo y son sagradas. Construyen la realidad, la modulan. Hoy doy un seminario. Me espanta hablar en público. Tengo un masculino académico, autoritario y censurador dentro de mí que me juzga mal y me hace daño. A veces toma el control. No soporta mi intuición, se ríe de ella como si fuera algo grotesco y pequeño. Normalmente me es más cómodo encerrarme y aislarme del mundo antes que enfrentarme a él. Hoy, sin embargo, lo he puesto en su sitio, bien lejos. He gritado quien soy, sin complejos, y al hacerlo me he salvado.

NOVIEMBRE

26 DE NOVIEMBRE

La pena que siento por el destrozo que van a hacer en el campo de al lado de casa me ha anudado profundamente a la tierra. Su cuerpo abusado me ha hecho conectar con el abuso que yo misma he perpetrado hacia el mío y que he dejado a los demás que hagan sobre él. A menudo estoy tomada por un masculino que se siente amenazado por el poder oscuro de un femenino muy antiguo que vive dentro de mí. Cuando siento sus injurias mi cuerpo se paraliza y tengo que meterme en la cama. Al ver hoy el estropicio que le están haciendo al prado estaba tan tocada que temblaba. Sin embargo sé que la tierra es resiliente, como mi cuerpo, y que mostrándole mi vulnerabilidad me confiará la fuerza y el coraje que se necesita para ayudarla. Así que, después de todo, abrazar mi pena, que es la suya, me está permitiendo participar de una hermandad con la vida que desconocía. Dar rienda suelta a este dolor me ha despertado a un vínculo femenino y fundamental con ella que disuelve toda la fantasía de la niña y hace a la mujer más real.

* * *

He soñado que estoy con una prostituta. Me burlaba de ella junto a otros amigos de mi grupo de teatro. Sin embargo, siento de repente el arrobo de una gran compasión por esa mujer y decido acabar con ese juego cruel. Nos hacemos amigas y nos vamos juntas de viaje en un tren. Durante el trayecto ella tiene sexo con un hombre a la vista de todo el mundo. Lo que veo me hace sentir decepcionada. Más tarde, cuando me la encuentro de nuevo, se quita el cabello de la cara para mostrarme unos zarcillos maravillosos de esmeraldas de un verde profundísimo que le cuelgan de las orejas. Entiendo con todo mi ser que la he juzgado mal: toda ella y su cuerpo son misteriosos y sagrados.

* * *

Este sueño me trae la imagen de la prostituta sagrada. Hace años soñé que era una de las doncellas de un templo prerromano en donde los hombres eran iniciados en los misterios de la sexualidad. Hoy, en una cultura patriarcal como la nuestra, la sexualidad ha sido desacralizada y con ello el cuerpo de la mujer, que de diosa ha pasado a ser puta. Sin embargo, nuestro cuerpo esconde el misterio de nuestros dones ocultos, que son los de la vida, porque a través de él el espíritu entra en un ser humano y el alma se asienta en la tierra.

La cura del mundo pasa por que hombres y mujeres restauremos el ánima de la prostituta sagrada dentro de nuestra conciencia.

AÑO 2017

ENERO

MEDIADOS DE ENERO. LONDRES

Voy a Londres con tranquilidad y agradecimiento. Comprendiendo las prioridades de la vida (entre ellas, pagar la facturas, es decir, cumplir con las deudas kármicas).

Es de noche en la ciudad. We, crazy people, are awake. Everything is magic around us. Indra se ha encendido. He trabajado desde muy temprano en el centro como voluntaria. Las personas han ido llegando a la sala a su hora. Este lugar es mágico. Abajo hay una sala en la que los derviches se alinean a Dios a través del eje de su danza. Ese es el corazón de este sitio. De ahí mana la energía, de su sótano. El lugar es realmente especial. Después de que me haya colado donde nadie me llama han cerrado la puerta.

* * *

Esta noche me he despertado en casa de mi amiga sin recordar bien dónde estaba. Vi a un anciano de barba blanca casi encima de mí, colocando sus manos sobre mi riñón derecho. Le pregunté qué hacía. Me dijo que estaba allí para instruirnos a las dos. Luego se fue hacia la dueña de la casa y le comentó algo al oído. Cuando ella se ha levantado esta mañana me ha contado que alguien le ha susurrado por la noche que esté atenta a la primera parte de la conferencia de W. Le he comentado que yo lo he visto todo con mis propios ojitos. Estamos alucinadas. Este sendero de veras que es muy, muy, especial… es mágico.

Al llegar el Sheikh a la sala me ha preguntado por el riñón. Le he dicho que va poco a poco mejor. Mi amiga ha hablado con él esta mañana. Al parecer, W. le ha comentado que ayer por la noche estuvo entrenándonos. Así que después de todo él era el anciano que estaba equilibrando la energía de mi glándula suprarrenal.

MARZO

PRIMEROS DE MARZO. REGGIO EMILIA

2 DE MARZO

Mi hijo y Dakota me acompañan al autobús. Es verde esmeralda. Lo cojo y me voy, debo ir a un entrenamiento. Hay niebla. Lo que sea que vaya a hacer en Italia estos días sé que está alineado con mi corazón.

* * *

Una sincronicidad: Veo la foto del maestro de I Ching, ya fallecido, tecleando su máquina de escribir y me emociono. Mi compañero me cuenta que la primera pregunta que él le hizo al oráculo fue: ¿cuál es el propósito de mi vida?. Comprendo que ha que ha comenzado es mi entrenamiento con el I Ching.

* * *

Subo al cuarto del hotel como una hora antes de que cenemos. Aprovecho para rezar, meditar, pedir al Amado que me ayude a conectarme a la tierra. Le pido no ser como Pauli, que cogió su sombrero, su capa, y se desterró de su propio territorio. Al hacerlo, no completó el proceso de individuación con su madre ni pudo progresar en su proceso de trascendencia. Poco después moriría en la habitación de un hospital cuyos números sumaban entre sí el número maestro, el 11. Bajamos al *spa*. Me viene de nuevo la pregunta que el maestro le hizo al I Ching, "¿cuál es el sentido de mi vida?". Por lo que sé de él entiendo que vivió la suya de forma coherente hasta el final. Siento que yo misma debo preguntarle al oráculo. Quizá en este momento lo más sencillo sea hacerlo sobre mi rol en el I Ching –si es que tengo alguno–.

Vamos a cenar con una amiga. Me dice que en la vida no hay que esperar hasta sentirse una preparada, eso es ego, soberbia. Me tocan profundamente sus palabras. Le cuento que fue el maestro de I Ching de mi amigo el que medió en el primer encuentro que ambos tuvimos. Se queda sorprendida. Le pregunta a él la edad que tenía cuando contactó con este oráculo y justo coincide con la misma que tengo ahora. La conversación es extraña, parece un guión en el que todo ha sido entrelazado por la mano invisible de su autor. Hoy hay magia y nada es porque sí. A esto se referían los chinos antiguos cuando decían que la cualidad del tiempo no es lineal sino contextual y que cada elemento de la situación es significativo. Me hago el I Ching. Es inequívocamente favorable. Tengo que corregir lo torcido y empezar a trabajar con él de una vez por todas, tomarme esa responsabilidad que he eludido durante estos últimos años. Eso es lo que hacen los adultos. No hay duda, tendré que saltar por encima de mis miedos y lanzarme al vacío. Después de todo, una no tiene que esperar a sentirse preparada para hacer cosas buenas, es decir, para hacer lo que ha venido a hacer.

* * *

Esa noche sueño con alguien de color verde. Es una confirmación de la decisión que he tomado porque Verde es el arquetipo de la verdad en el Sufismo. Hay una conexión entre el Taoísmo y el Sufismo muy antigua en la que me muevo.

3 DE MARZO

He pedido un sueño sobre el I Ching de la tarde anterior, el hexagrama El Ejército. Estoy en medio de una guerra de guerrillas. Los campesinos de una pequeña aldea luchan entre sí con bravura. Una mujer anciana y su marido, una bella y sabia pareja a la que los partisanos respetan, me comentan en la cocina de su casa que no me preocupe: las partes díscolas serán enseguida pacificadas. Al momento salen a la calle a hablar con los guerrilleros a los que simplemente dicen "ya es tiempo de paz". Entonces, la batalla acaba y todos lo celebran.

* * *

La paz es lo que viene. De nuevo se me recuerda que para vivir una no tiene que quedarse quieta hasta sentirse lista, eso es vanidad. La lucha se ha terminado. La pareja compone un mandala de sabiduría que no puedo dejar de escuchar.

14 DE MARZO. CÓRDOBA

Una sincronicidad: leo un artículo que ha escrito mi compañero sobre el I Ching. En él se hace eco del lema que su maestro tenía escrito en una placa sobre su escritorio: "You don´t need to wait in order to embarck into an enterprise". En esa misma revista hay también publicado un artículo sobre W. Estos eventos sincrónicos refuerzan a su vez los de estos días, y al hacerlo mi voluntad de involucrarme plenamente en trabajar con el oráculo.

21 DE MARZO

Sueño que estoy en una reunión de psicoanalistas. Están dispuestos en círculo alrededor de un caldero (un hexagrama central del I Ching que tiene que ver con acomodar espacios dentro de nosotros mismos y del colectivo para sostener la sustancia espiritual trayéndola a la tierra). W.

está con nosotros. Me duermo. Me despierto. Estoy dentro de un sueño lúcido. El Sheikh se acerca a mí y me lleva a otro nivel de consciencia en el astral. Le sigo con el caldero entre mis manos. Llegamos a una reunión de mujeres dentro de una cueva. La más mayor de ellas me explica lo que hago allí. W. sale de allí cerrando tras él el lugar con una especie de escudo energético (parece que hay energías extrañas que están intentando entrar). Las mujeres comienzan a entrenarme. Me dan un libro escrito a lápiz con mucha información interesante que leemos todas juntas. Cuando lo termino me indican que es hora de volver, aunque antes la mujer que preside el encuentro saca tiempo para hablarme de su propio maestro, al que llama Emilio. También me insiste en que vaya hablándole a mi hija de estas cosas para que se le vayan quedándole. Luego pide a los guardas que custodian el umbral del nivel de consciencia donde nos encontramos que me protejan en mi vuelta. Son dos hombres que visten de blanco, tienen un nombre relacionado con el número tres que no recuerdo. La experiencia de cruzar el portal ha sido afortunadamente fácil de lo que esperaba y simplemente me despierto en la cama.

* * *

Leo el prólogo de Jung al I Ching de Wilhelm. El hexagrama del de Zúrich es el Caldero, una sincronicidad si tengo en cuenta el de mi sueño. Me resulta curioso que llevo varios días trabajando con macetas trasplantando flores. Ayer vi una vasija preciosa que me llamó la atención… qué cierto es que una ve afuera lo que hay adentro. Es interesante que el caldero es un recipiente para trabajar varias dimensiones: la psicológica, y más allá de ella, la arquetípica, es decir, la entrada a los mundos interiores, de ahí su uso en la alquimia. Por último, el caldero conecta con una capa profunda del inconsciente colectivo, la de la sabiduría instintiva de lo femenino, una sustancia que habita dentro de la Tierra.

El entrenamiento está en marcha. Se está dando en una dimensión femenina, profunda, primitiva y colectiva de la psique. Tiene que ver con nuestra intuición como seres humanos. Mi hija, este aspecto nuevo de mi mundo interno, también debe ser adiestrada. Nuestros secretos de mujeres, aunque algunos quieren arrebatárnoslos, están ocultos, bien protegidos.

ABRIL

PRIMEROS Y MEDIADOS DE ABRIL

Estoy teniendo bastantes sueños con mi hija que están relacionados con la experiencia en la que W. me ha llevado al mundo arquetípico del femenino sagrado y sus misterios. Casi todos muestran esa llama interior de la tierra que las mujeres debemos custodiar. Hoy veíamos a través de su luz: mi hija y yo estábamos en una cueva. Tuvimos que encenderla y quedarnos junto a ella cuidándola.

Me ha venido a la cabeza el mito de Deméter y Perséfone. Una vez que la madre recupera a su hija puede trasmitirle los misterios de la agricultura, que son los de la vida, los del renacimiento o la regeneración que cada año ocurren tras "la muerte" de lo vivo sobre tierra. La tradición es pedir ayuda a Deméter para que la vida siga floreciendo sobre ella gracias a su fuego, la antorcha que lleva en su mano. Pero Deméter no es solo la madre de Perséfone, también la de los iniciados en estos misterios eleusinos. Por cierto que hoy es domingo de resurrección.

Como semilla que enterrada nace
llegaremos de las profundidades,

Como espiga dorada, esplendorosa,
desde el fondo de la tierra mojada
germinaremos a la nueva vida.

(Es un poema de Guillermo Calvo algo cambiado. Te pido disculpas, Guillermo, que sé la poca gracia que eso nos hace a los poetas).

Todos estos sueños debo relacionarlos con aquel en el que abandono al hombre violento que quería retenerme dentro del mar. Salgo del agua para volver con Goa, mi perrita dorada, cuidada en mi ausencia por la maestra de mi Sheikh. Esa Perséfone individuada no es ahora ya sino Deméter, a la que ahora a su vez acompaña su hija. Así, de madre a hija, mantenemos la red de la vida, sus misterios de la muerte y de la resurrección, su la luz en la tierra. He vuelto desde el Tánatos y, como cualquier mujer u hombre que lo ha hecho, ahora debo honrar ese conocimiento dentro de mí y trasmitirlo.

JULIO

17 DE JULIO. RETIRO DE INVERNESS (EEUU)

"DIOS ES BUENO".

El guardia de aduanas me dice tras mirar mi pasaporte que sus padres son montoreños. Le digo que entonces mi padre debió ser su médico. Me comenta que fueron hace poco al pueblo en Semana Santa a ver a Padre Jesús el Crucificado. ¡Uy, qué susto nada más empezar!...

Entro en suelo internacional. Todo se queda atrás, también el pasado. En el avión a Los Ángeles encuentro dentro de las instrucciones de seguridad un billete verde de 1000 pesos chilenos (hoy es jueves, el día de *Moshkel Gosha*). Al llegar al destino nos dan un pase exprés porque vamos con el tiempo justo para nuestro próximo vuelo a San Francisco. Pasamos directos por una alfombra roja y todo el jaleo de entrar en EEUU lo hacemos en menos de 15 minutos.

19 DE JULIO

Estoy en la casa de mi abuela Lucrecia. Me la han dejado como herencia, aunque hay demasiado gente y la alberca que tanto me gustaba ya no existe. En la cocina hay una puerta blanca escondida que da al patio. No sabía que existía y no tengo la llave. Me voy a buscarla.

* * *

En mis poemas solía ensalzar la atmósfera de cura del patio de mi abuela. Siempre fui feliz allí con ella. Ahora sé que su casa es un nueva dimensión de mi mundo interno, un lugar genuino dentro de mí. Gracias a que mi femenino empieza a expresarse con mayor libertad estoy entrando en una nueva capa de mi psique más trascendente y colectiva donde el drama personal no existe.

24 DE JULIO

Ayer estuve buscando por todo San Francisco agujas para tejer lana. Parece increíble pero no las encontré. Hoy en Point Reyes me doy de bruces con una tienda especializada. Sorprendida entro y las compro, también una preciosa madeja de lana verde.

Tumbada en la playa me pareció haber perdido las llaves del coche que un amigo me ha dejado para estos días. Estoy en la casa más alejada del complejo y necesito ir y volver a diario al centro. Me he asustado muchísimo al no encontrarlas, pensé que no podría ir al retiro. Le recé al Amado, que sé que es bueno. Le comenté que tenía que saber que yo entera era un ¡Sí, Sí, Sí!, que yo quería estar aquí, quería ir al retiro. Encontré las llaves.

He llegado a las cinco de la tarde... La ayudante de mi maestro ha venido a saludarme. Claramente se ha incomodado con mi exuberancia sureña. La he saludado con dos besos y su reacción me ha llevado a sentirme en la obligación de explicarle que soy española. Me ha dicho que ella no; también que conoce a otros españoles. Le he respondido que soy del sur de España. Esto comienza a complicarse... Paro. Debo seguir a una voluntaria que me lleva hasta la casa en la que pasaré las dos próximas semanas. Corre como si no hubiera un mañana por esa carretera de curvas que recorro por primera vez con un coche automático prestado. La he perdido. Me dice que nunca le había pasado. No comprendo cómo no le ocurre todos los días. Me ha traído hasta la casa saltándose todos los límites de velocidad. Luego me ha dicho que soy muy rápida con el coche ¿en qué quedamos?. Me ha dejado, por fin se ha ido. Tengo una habitación preciosa para mí sola. Es tan bonita que duele. Me desborda un poco. Toda la casa es espectacular, sencilla, hermosa.

Algo ha pasado esta noche: la gratitud, la alegría, han llegado para acompañarme. Siento como si aquí todo me estuviera cuidando y solo puedo darle las gracias momento a momento. Leo esta cita de Rumí que me toca el corazón: "Cuando muera, buscadme donde descansan mis restos: no en la tierra sino en el corazón de los hombres".

25 DE JULIO

Por la mañana vamos a casa de W. Nos saluda y da la bienvenida a medida que vamos entrando. En la sala de meditación, antes de comenzar a practicar, nos dice que su casa nueva es un lugar para alinearnos con el *self* e ir más allá de él. Alguien ha preguntado esta tarde por sus hijos, ya mayores, a los que aún cuida. W. le ha respondido que es hora de dejarlos. Ella debe guardar esa energía para su propio viaje "from the alone to the alone".

Me siento como en casa. He bajado a la playa y me he bañado. En el camino había una pareja de ciervos comiendo la hierba del jardín de una casa vecina. No parece que haya viajado tanto. De algún modo siento que mi ego tiene la batalla perdida.

26 DE JULIO

La meditación de la mañana ha sido horrible. W. se ha cabreado y ha venido a decirnos que no sabemos meditar. Por supuesto, me he dado por aludida. La meditación de la tarde aún ha ido peor. Nos ha echado de allí antes de las cinco. Me he ido a pasear con un compañero. Me he relajado. De alguna manera comprendo que este es un viaje de aniquilación y me estoy resistiendo.

W. ha hablado hoy sobre la actitud correcta en el sendero: la de no sentirnos víctimas, no dejarnos engullir por los *nafs*. Esta actitud de saber sobrellevar la aniquilación es el *Adab* interno. No hay Dios (nada es verdad) sino Dios (dame lo que tengas que darme).

* * *

Por la noche emergen las imágenes de una peregrinación a lo largo de una montaña parecida a las de Granada. Voy buscando mi casa. Cuando la encuentro me doy cuenta que es la casa del hijo de W.

* * *

Sueño que estamos un grupito de personas con el Sheikh. Nos está instruyendo. Estamos recogiendo flores en el prado. Cojo una. W. Me dice que esa no es la correcta, también que esté tranquila, aunque me avisa de que voy a tener una reacción fuerte. Me despierto vomitando.

* * *

Salgo de casa de mi abuela con mis padres. Los tres vamos a hacerle una ofrenda de fruta muy dulce a W. La pruebo, me como dos trozos, está buenísima. Mi madre me dice que pare porque me la voy a comer toda. Me parece correcto y así lo hago.

* * *

Mis hermanas acaban de llamarme por teléfono. Mi madre está bastante enferma. No para de vomitar y van a llevarla al hospital. Poco puedo hacer desde aquí. Madre, recuerda que Dios es bueno. Acabamos de ofrecerle una cesta de fruta madura. Nada malo va a pasarte.

27 DE JULIO

W. me ha comentado esta mañana que anoche, antes de acostarse, preguntó a los maestros si debía hablarme (no acostumbra a hacerlo). Soñó lo siguiente: Está frente a E. (un compañero de uno de los grupos alemanes) que es un samurái porque ha renunciado a los tres mundos. Una voz le dice que hablar conmigo lleva al ego y el ego al deseo. Le agradezco que me lo haya contado.

Esto me ha hecho pensar en la charla que tuve la tarde anterior con un compañero sobre las palabras. Al hablar creo identificarme con todo lo que digo aunque realmente no lo sienta. A veces lo que cuento es un traje que me pongo por encima para ocultarme. Tendré que estar atenta y ser cuidadosa con lo que digo. La otra noche alguien me decía en un sueño "W. te aprecia mucho pero aún no puede decírtelo".

Ha sido una buena meditación "las palabras conducen al ego y el ego al deseo". Comprendo, es algo profundo. Ha habido en mí un pequeño clic. Buena idea la de practicar el *Sikhar* (traer el nombre de Dios a cada respiración) mientras hablo. También el *Adab* interno de discriminar entre palabras conscientes y distracciones. Sé que cuando hablo de más luego me duele el cuerpo. Es una señal que debo tomarme en serio. Tengo una pregunta: ¿el sufrimiento corresponde solo a la dimensión del ego o hay también un sufrimiento del alma que pertenece al amor y nos lleva hasta Dios? ¿Hay un sufrimiento divino?.

* * *

Una imagen: W. y su hijo viven en una casa a la entrada del desierto (una imagen de la travesía simbólica del propio yo).

* * *

En el sueño he ido con W. no recuerdo dónde. A la vuelta me he perdido. Me despierto dentro de un sueño lúcido, pongo toda mi energía e intención en salir de ese mundo a través del pecho. De nuevo estoy con W. Me dice que cuando viajamos junto a él debemos poner especial cuidado. Existe una especie de pequeña rejilla entre las distintas dimensiones por la que pueden entrar otros sueños y perdernos fácilmente. Me despierto con una imagen: sostengo un cachorro de león entre mis brazos. Es precioso. Estoy en una protectora de animales que está ubicada en la terraza de mi casa de la infancia. Al abrir la puerta de la escalera se cuelan muchas aves. ¿Será esa puerta una bisagra entre los mundos?. Ahora estoy frente a la puerta de la casa de W. Hay muchas aves. Todo el jardín está vivo.

* * *

Malas noticias desde Córdoba: mi madre está muy enferma. Las palabras... ¡Cuánto daño hacen!. Ahora me están torturando. Todo lo que sé de mi madre me llega a través suyo. Palabras exageradas en un caso, palabras demasiado discretas en el otro... ¿qué creer?. ¡Cuánto duelen! El amor es justo. Dios es justo. Ponte bien madre.

28 DE JULIO

Estoy en la casa de unas personas muy sencillas. La mujer está cocinando unos pasteles tradicionales. Al terminar se los coloca alrededor de su cabeza, llegando a parecer como el enorme halo de un santo. Cae del cielo una nave espacial. Comprendo que algo horrible va a pasar porque estamos en una zona industrial con varias gasolineras. Se prende fuego, tiene toda la pinta de que va a haber una gran catástrofe. Mi hija y yo salimos corriendo hacia el campo atravesando el polígono mientras el fuego nos persigue. Al fondo hay una casa, mucha gente se ha refugiado allí. Ahora estamos atrapadas en el patio de esa vivienda. Parecemos palos dentro de una hoguera. No podemos volver sobre nuestros pasos porque el fuego ya está en la puerta. Voy a intentar una última huida aunque es arriesgado y puede que no funcione. Alguien encuentra unos potentes extintores que quizá puedan servirnos.

Comprendo que se ha iniciado un proceso de purificación que afecta a mi femenino y a su individuación de la madre interna. Las noticias que lleguen desde España van a ir complicándose.

* * *

Me he vuelto a dormir con un dolor de cabeza muy molesto provocado por mi ansiedad. He soñado que alguien fuera de sí me perseguía. Comprendí que para relajarlo tenía que hacerle un agujero en el cráneo y así lo hice. Funcionó.

* * *

Está operando a mi madre a más de 17.000 kilómetros. Me he ido a dar un paseo pero no hay dónde ir, no puedo escapar, solo rendirme a lo que está pasando... Me dicen que ya está de vuelta en el cuarto. Dios es bueno

Allí ruido, aquí silencio
Allí lleno, aquí vacío

Es perfecto que el destino nos ponga siempre en la tesitura de tener que acariciar la nada. Mi alma está siguiendo pavorosamente el camino de su aniquilación, de su extinción. Da miedo, aunque de forma paradójica también es un alivio porque el sendero no te da nada: te quita todo. Pero es que de otra forma no puede funcionar. Es importante hacer de nosotros un contenedor vacío para que la luz del alma ilumine nuestras vidas.

29 DE JULIO

Viajo junto a mi familia en un vuelo con varias escalas. Hemos parado en México. Bajamos a cambiarnos de avión. Hay varios y yo tomo otro distinto al que ellos se suben. En este nuevo avión está W. con algunos conocidos de la tarika. Empezamos a expresar en alto nuestros deseos: "Ojalá que...". Son ofrendas que hacemos al Amado. Me siento bajo los pies del Sheikh. Pone la mano sobre mi pecho. De repente se pone muy enfermo, como para morirse. Es de pasión, de amor. El corazón parece que se le va a salir. Llamamos a un médico, nos dice que se repondrá y el avión sale. W. me comenta que va a dejar de enseñar al grupo. Le digo que me gustaría seguirle, a pesar de todo. Le toco el pecho… Tiempo después estamos en el pueblo de mi abuela materna. Voy vestida de dorado. Va a pasar algo especial.

* * *

Dejar atrás a la familia me coloca en la pista directa hacia Dios. Pero ¿por qué el sendero es tan penoso para mí? ¿por qué tanta sangre?. ¡Ay, Cruz, pero no te quedes solo en eso, mira también cuánto sol por todos lados!. Miro un DVD sobre "Los velos de la distorsión y la llama de la verdad".

30 DE JULIO

Unas imágenes: estoy viajando con W. por Inverness. Me lleva a una cueva con paredes llenas de inscripciones y huellas de antepasados remotos. Comprendo que me está mostrando la energía de los maestros del sendero, de nuestro linaje, y sus secretos.

* * *

Tengo la respuesta a mis preguntas: el sufrimiento es un velo de distorsión, una distracción, si lo llamamos "drama" esto se entiende mucho mejor. Tras él se encuentra el verdadero mensaje que no es sino el camino de vuelta a casa. De ahí que necesitemos construirnos ese velo para luego tener que levantarlo y al hacerlo volver a nuestra verdadera morada. Solo desde la dualidad se llega a la Unidad. El amor no entiende de emociones, es real y neutro. Si lo dejas fluir dentro de ti te lleva de vuelta al Hogar en mayúsculas. Así que estoy tranquila, en confianza, no estoy sola... es un viaje que muchos han hecho antes que yo. El Sheikh es un espacio vacío en el que Amante y Amado se reencuentran. Dentro de nosotros está el vacío. Siempre ha sido y será así. A veces lo sentimos como la sensación confortable de estar en casa. Ahora puedo rendirme a la vida, decirle ¡Sí!". ¿Por qué quedarnos solo con la creación cuando podemos ser sus creadores?. Mi madre está mejor.

* * *

Imagen de meditación: la luz de una llama sobre el océano. Tres maestros espirituales Sufís vienen hacia mí (tienen rasgos orientales, van vestidos de oscuro con un gorro turco de color claro)

31 DE JULIO

En la meditación de la mañana el amor me ha tomado. Luego ha seguido conmigo fuera de la sala. También al llegar de vuelta a la casa. Ha sido una experiencia intensa y real. Estaba mareada, tenía una sensación extraña en la tripa, pero reconocí que era el amor que estaba allí, vibrando en cada célula y dispersándose desde cada una de ellas por todo el cuerpo.

* * *

Me he ido con el coche hasta el faro de San Andrés. Contemplando el océano he sentido claro lo que es la disolución: la tierra deshaciéndose en la arena de las dunas, las dunas deshaciéndose en la espuma de las olas, las olas deshaciéndose en el mar, el mar deshaciéndose en la niebla… tras la niebla… nada.

* * *

Esta noche he escuchado claramente al Sheikh diciéndome: "Conozco una técnica que exprime los corazones, pero solo se puede hacer con permiso divino". Entonces, mira hacia arriba buscando confirmación y me grita, "¡Vete a Argentina!". Tengo que contárselo.

AGOSTO

1 DE AGOSTO

Esta mañana le he dicho a W. que mi madre está malita. Me ha dicho que rezará por ella, que comprende mi preocupación.

Es espeluznante entender que en realidad no puedo hacer nada. La ilusión se ha desvelado. No se trata de seguir inventando nuevos proyectos, todo es mucho más real y no hay un yo que pueda tomar decisiones.

2 DE AGOSTO

He ido a hablar con W. Le comenté en la pausa de la mañana que necesitaba contarle algo. Me ha dicho que suba esta tarde con uno de los compañeros de la casa, antes de las tres. Le he contado la experiencia de "Go to Argentina", pero me ha respondido que Argentina está definitivamente demasiado lejos para mí. Me pregunta por mi familia, se interesa por ellos, quiere saber cuántas personas tengo a cargo. Le hablo de mis padres, de mis hijos, mis mascotas y marido. Me dice que

Córdoba es preciosa y ¡en especial su Alhambra! (como ocurre con todos los maestros W. no da puntada sin hilo, ¿será que me ve en Granada, en el cortijito, más que en Córdoba?). También que no pinto nada allí con todas las obligaciones que tengo a cargo. Le hablé de mi hija y de mi hijo. De la primera me dijo que es muy *smart*. Con mi hijo ha hecho un gesto singular (ha cerrado los ojos y ha sonreído mirando hacia arriba), lo que interpreto como una confirmación más de que su corazón tiene la estampa del sendero. Me escuchó, fue una conversación amena, pero nada de nada de Argentina.

En el descanso de la tarde el compañero chileno se me ha acercado a hablarme del grupo argentino. Son unas 15 personas y ahora están sin una cabeza visible, ¡curioso!. Todo es uno.

* * *

Esta noche he tenido muchos sueños que no recuerdo bien. Tengo una imagen de mí viviendo en una casita cerca del centro y de la playa. En otro me estoy actualizando el carnet de conducir. También hay una imagen de una prueba que me estoy haciendo en un laboratorio químico.

Antes de acostarme me encontré un mensaje de whatsapp de mi hijo en el que me decía que se quedó dormido meditando y que se despertó dentro de un sueño en el que se pudo ver a su vez meditando, y así varias veces en varios sitios. Le he contado que precisamente ayer les hablé de él y su hermana a W. Me pregunto si sus experiencias guardan alguna relación con cierta activación de la energía del sendero dentro de él.

* * *

La luz del Yo superior concierne al destino de uno, a las experiencias que el alma necesita, porque podemos vivir el destino del alma en este mundo. La reflexión de hoy es que cuando el Yo superior se rinde a su vez a la luz de los maestros ya no hay vuelta atrás en el sendero. No hay libre albedrío nunca más. Este es un sendero de responsabilidad y de servicio total. Los Awiliyya (nuestros maestros superiores) son un grupo de maestros sufís que trabajan para la evolución del destino de la humanidad. Cuando la luz de los maestros actúa desde dentro de un ser humano tiene la capacidad de afectar más que si está desencarnada: ahora tiene un propósito concreto en este mundo a través de aquel que está a su servicio, y ese propósito puede ser incluso diferente al de nuestra propia alma. Ese es otro paso más en el sendero por el que nuestra alma se rinde al trabajo de los maestros. Uno puede por supuesto elegir. Este es un paso y un peso tremendos en la evolución espiritual. Los seres humanos que no están dispuestos a darlo no suelen sentirse atraídos hacia este sendero.

¿Cómo trabaja esta luz en el mundo? Hay una comunicación entre nuestra consciencia y esta luz que procede de otro lugar y otra dimensión. Se sirve de nosotros porque precisamente tiene que funcionar aquí. Ocurre igual con la baja consciencia que tiene que entablar un diálogo con el Yo superior para que éste se exprese concretamente en la experiencia. Lo mismo ocurre con la luz de los maestros, pero ellos trabajan en los mundos internos de forma que pasan desapercibidos para el ego y la consciencia más burda. Así fue siempre, y hoy estos maestros necesitan aplicar de forma muy concreta la luz en la tierra a través de nuestras vidas (por eso también se les llama a los sufís "los espías de Dios"). Recordamos al Amado con el *Sikhar* para estar cerca de él, porque de hecho siempre lo estamos. Y lo hacemos así porque Él necesita traer a este mundo de olvido su recuerdo.

Comprendo que mis conceptos espirituales *naive* se están yendo a pasos agigantados. Ahora siento la pobreza del corazón. Comprendo que Argentina es un espacio interno de renuncia (a lo conocido, a lo que creo que me define), un desierto. Porque uno llega a ese punto en el que comprende que no existe como creía. Solo existe el Amado. La acción deja entonces paso a la rendición y la confianza. El camino espiritual no va definitivamente sobre nosotros.

3 DE AGOSTO

Estoy en un campamento en mitad de la naturaleza con N. el hijo de W. Voy al baño. Al salir me encuentro con una leoparda preciosa. Nunca he visto un animal así y le pido a N. que me ayude a salir del baño. Me dice que no haga nada, solo que salga tranquila. Le hago caso y efectivamente funciona. La leoparda me sigue, se viene conmigo. Fuera veo que el campo está lleno de animales salvajes. Recuerdo, entre ellos, dos tortugas gigantes.

Parece que mi femenino salvaje me lleva a una conexión con el hijo de W.

4 DE AGOSTO

Me encuentro en el desierto con una tarika sufí que no conozco. Son mayores que yo y parece que llevan mucho tiempo juntos. Pertenecen a órdenes distintas. Comprendo que han desarrollando bastante sus conocimientos. Me despierto con la sensación vívida de haber estado realmente con ellos.

30 DE AGOSTO. CÓRDOBA

Estoy en un seminario. W. me dice que han abierto una emisora de radio en el centro, así que siempre estaremos sintonizados. No importa la distancia que haya entre nosotros. Comprendo la profundidad de lo que significa y estoy agradecida y contenta. La conexión entre nosotros siempre está y estará viva.

SEPTIEMBRE

9 DE SEPTIEMBRE

Esta noche me he ido a la cama con molestias en el riñón…

Estoy en casa de W. Tiene un local comercial que da a la calle. Voy a la trastienda. Nos hemos reunido allí un grupo de unas cinco personas. Estamos recibiendo enseñanzas. Una mujer me da clases de cocina y me explica algunos puntos a tener en cuenta para cuidar mejor mi salud. Lego me lleva aparte y comienza a instruirme en el I Ching. Me dice que este oráculo está relacionado tanto con rituales chamánicos como con la comida. De alguna manera entiendo dos cosas: que debo vivir mi día a día desde una conexión con la madre tierra y que lo que hago en mi vida debo apreciarlo en términos de sus valores nutricionales.

14 DE SEPTIEMBRE

W. me ha escrito. Me dice que aún no estoy lista para el *faná* (la disolución). Me acuesto preguntándome cuáles son esas experiencias que aún tengo pendiente realizar en esta vida.

* * *

Sueño que un director de cine, Elíah Kazan (pelo largo blanco, barba y bigote oscuro, nariz aguileña, ojos y tez oscura), me contrata para hacer un papel en *Un tranvía llamado deseo*. Soy una criada (llevo un uniforme blanco con delantal) y aunque mi intervención es breve también es clave en la trama: tengo que decirle a la protagonista que no puede casarse, de hacerlo consumaría su deseo y sería muy desdichada.

* * *

He leído que en su vida real E.K. tenía dos casas por la que pasaban dos líneas de tranvías: una se llamaba deseo, la otra defunción (o algo así). Mi trabajo es poner atención en no perderme en el camino del deseo.

20 DE SEPTIEMBRE

Viajo a Groenlandia. Bajo su transparente mar hay miles de llamitas de fuego. Luego voy a Islandia a comprarme un traje de novia.

* * *

Se ha cumplido un trabajo de integración. Lo separado se ha unido. Como en la alquimia espiritual es la propia reorganización interna, representada por el fuego sobre el agua, lo que lo representa. La boda lo confirma.

Una curiosidad: la relación entre agua y fuego es la más estrecha de las que se dan entre los cuatro elementos, de tal forma que el agua, en su origen, es fuego, lo que equivale a decir que el fuego (la intensa reacción exotérmica que se produce al combinarse el hidrógeno y el oxígeno) es agua.

NOVIEMBRE

9 DE NOVIEMBRE

Querido Sheikh,

Estas semanas me siento triste, con ansiedad, con estrés... ¿Cómo puedo sentirme tan separada de Él, de ti, de los demás, de la vida?. Esta noche he soñado que llorabas. La situación ecológica y social era una realidad dentro de tu cuerpo y estabas devastado, por lo que decidiste irte de este mundo. También pude sentir esa degradación de la vida dentro de mí y te entendí, pero definitivamente no quería dejarte marchar. Entonces todos tus discípulos, tu esposa e hijos, decidimos hacer algo para no dejarte morir. Una mujer del grupo toma una manta blanca y te envuelve en ella. Toda la situación cambia. Es como si la vida renaciera a nuestro alrededor y tú con ella.

¡Que el amor me enseñe a aceptar las dificultades! No quiero alejarme de ti al punto de verte marchar. Se trata de que no me distraiga haciendo más y más cosas, de vivir desde la suavidad de mi corazón que es como una manta. Quiero salvarte, quiero mantener viva Su llama dentro de mí. Aunque desconozco la naturaleza de esta angustia y me encuentro perdida puedo sentir que lo que necesito no es tanto saber lo que está pasando sino simplemente aceptarlo y seguir cultivando esta presencia en el día a día.

Con Amor

Cruz

29 DE NOVIEMBRE

Una imagen: W. me pide que cuando tenga ansiedad busque un punto vacío dentro de la llama de una vela.

* * *

Vuelvo en avión de trabajar con W. Llego a Córdoba. Me voy al hospital a hacer mi jornada porque soy una enfermera. Una joven compañera cura a los enfermos con su intuición. Me maravilla lo que hace. Sin embargo alguien acaba de comprar la clínica y el nuevo director la presiona para que adopte una forma más ortodoxa y científica de trabajar si quiere conservar su puesto de trabajo. Ella sufre mucho. Yo también.

* * *

Aquí de nuevo una advertencia de lo que no debo dejar nunca atrás. Mi intuición es un recurso que no solo no puedo reprimir sino honrar, darle un lugar en mi vida. La necesito para estar sana, también para ponerme en servicio, igual les pasa a todos los demás.

DICIEMBRE

8 DE DICIEMBRE

Estoy en el cortijito. W. está dando una conferencia en su sótano. Me acuerdo de que todas las noches bajamos allí unos cuantos de la tarika para estar junto a él. Las enseñanzas de hoy están siendo preciosas. Llegan mi perro Pitufo y un galgo, los acaricio, se quedan con nosotros. Después de la charla le enseño los bancales de olivos. La finca queda a la orilla del mar, desde allí tomamos un barco. W. se sienta a mi lado, nos abrazamos. Vamos a Inglaterra. Sé que siempre estaremos juntos.

La conexión sigue bien viva y la energía de los maestros soporta desde la base el proyecto del cortijito.

22 DE DICIEMBRE

Estoy en la casa de la Falange de mi pueblo de la infancia. De pequeñas mi madre nos mandaba a mis hermanas y a mí allí a que aprendiéramos manualidades, bailes, gimnasia... a que nos entretuviéramos. En el sueño W. está sentado en un trono de su salón principal vestido de blanco y dorado. Va a haber un espectáculo. Estoy en el centro del escenario vestida de amazona. Tendré que luchar contra una chica a vida o muerte. No quiero hacerlo, es pequeña y podría destrozarla. La cambian por otra, esta es enorme y masculina (de hombros anchos y fuerte mandíbula). Aunque sigo sin querer luchar tengo que hacerlo antes de que me haga daño o me mate, así que combato con todas mis fuerzas. Nos enfrentamos con espadas y lanzas. Es ella o yo, no hay otra opción. Logro que se rinda, pues a pesar de su tamaño no es tan fiera como parecía. La he podido acorralar y darle tantos palos que casi la mato. Ya en el suelo el espectáculo-ritual exige que le arranque un trozo de carne del lomo derecho de su espalda y se lo ofrezca al maestro. Al hacerlo la mujer se convierte en un toro. Me da pena todo lo que ha pasado pero sé que he hecho lo correcto. Cojo al animal en brazos y salimos a la calle. Ahora estoy en el hall de casa de mi abuela. Estoy preocupada por el estado del toro, pero una voz me asegura que se recuperará.

* * *

El toro es, entre otras cosas, la seguridad. Me explico: es ese femenino mío que toma al masculino y lo pone al frente de su vida. Lo hace porque se cree inadecuado e incapaz de vivir. No conoce sus recursos ocultos y simplemente le es más fácil continuar haciendo las cosas como siempre las hizo, colocándose en un segundo plano, tras las espaldas de un masculino en el que esconderse y luego desaparecer. Por su parte, este masculino, su necesario compinche, acostumbrado a sentarse en el trono de un reino que no le corresponde, desea perpetuarse en ese estado soberano adquirido e inapropiado. Para conseguirlo está obligado a reforzar, una y otra vez, los miedos del femenino. Hoy tengo que batirme ante el maestro con este femenino pusilánime que ha montado todo el circo. Tengo que rendirlo y ofrecérselo. Lo hago entregándole la parte de su lomo derecho, la carne que está sobre el área del riñón, que es el laboratorio de las purificaciones. Al ganar el combate y completar el ritual la parte más burda de mi consciencia ha acabado rendida al Yo superior.

El sueño ha sido curativo, de mucha ayuda. Ayer pedí en la meditación poder estar tranquila, no vivir anclada en la rigidez de la seguridad sino en la ligereza de la confianza. Recuerdo que las niñas íbamos a ese lugar a que nos domesticaran, aunque yo tuve la suerte, al ser más pequeña y traviesa que las demás, de que me dejaran a mi aire. Tal vez sea por eso que ese ha sido el escenario elegido para librar (y ganar) esta batalla.

AÑO 2018

ENERO

15 DE ENERO

Voy a Londres a un seminario con la tarika. Una vez allí W. me da un papel en el que ha escrito unas palabras para que las lea en alto delante de todos. En él se dice que competí con mi madre por el amor de mi padre. Siento pudor. No hay mucho más que decir... Ahora estoy en un solar en construcción, en su planta subterránea. Hay varios operarios trabajando. Les pido que me ayuden a volver a casa de mis padres porque no recuerdo dónde aparqué el coche, además que tampoco llevo la llave ni el carnet encima, pero no pueden hacerlo.

* * *

Pocos días antes soñé que estaba cenando con el Sheikh y su familia. Entonces llega la mía, mis padres y hermanas y W. se levanta y se va.

* * *

Estos tres sueños están claramente relacionados. Quedan profundas heridas de la infancia por cerrar que aún me retienen. Pero no puedo llevarlas más tiempo sobre mí si es que quiero seguir viva. Estoy en un punto del camino en el que las identificaciones con el dolor de la niña tienen que desaparecer, aunque sean difíciles de disolver. Sé cuáles son y no debo hacer como si fueran cosa del pasado, así que me arrimo las mangas y me pongo a trabajar porque el tiempo corre. El conocimiento espiritual no va de adquirir conocimiento sino de transformarse una, y al hacerlo, convertirse en un modelo del cambio transformando todo a tu alrededor, por eso el camino siempre es sangriento (y no hay atajos).

19 DE ENERO

En este sueño soy la propietaria de una mansión con unos jardines maravillosos. Me doy cuenta de que en verdad no soy su dueña porque a quien le pertenece la finca es a la maestra de mi maestro. Mi tarea es cuidar de la propiedad. Parece que no veo capaz de hacerlo porque le pido a una amiga de la tarika que lo haga por mí. Me despierto con ansiedad.

* * *

Comprendo que aún tengo pendiente comprometerme verdaderamente con el trabajo con mi femenino. Una vez la maestra de mi maestro me devolvió a la perrita Goa, a quien tanto amo... Debería haberla atendido mejor. Esta actitud de víctima, de no verme capaz de hacer gran cosa, no me deja avanzar. Aún así ¡ya está bien de esa comodidad y ese orgullo de sentirme pequeña para seguir delegando la responsabilidad de mi vida sobre otros!.

FEBRERO

1 DE FEBRERO

Las distracciones en el día a día son poderosas. En especial tengo que tener mucho cuidado con la relación que mantengo con mi cuerpo. El médico me ha dicho que soy alérgica a muchos alimentos, lo que me está envenenando y quitando energía (por cierto, que ya me lo dijeron los sueños y no les hice caso). Tal vez esa ha podido ser la causa del *shock* renal, lo que su vez puede llevarme a una peligrosa espiral. La verdad es que si no me cuido, entonces por supuesto, mi conexión con el sendero y el maestro se vuelve sutilmente más difícil. Lo he visto con claridad en Londres y es algo serio. Hay un conocimiento ancestral dentro de cada uno de nosotros sobre los alimentos, las energías y su relación con la conciencia, y no me refiero a algo esotérico sino a algo simple, básico e instintivo que hemos olvidado. Lo atenderé como se merece. Lo estoy atendiendo.

Uno de los desafíos que tengo que superar para lograrlo tiene que ver con el mucho apego que le tengo a mi madre. No sé cómo decirle adiós a esa voz interna con la que se le escucha en mi psique, no sé cómo cortar el cordón emocional que me une a ella. Como dijiste en Londres, Sheikh, el sendero no va de nosotros, pero tenemos que hacer el trabajo, y el deber (y el derecho) de todo ser humano, en especial el de una mujer, es cuidar y honrar su propio femenino y ofrecérselo a la vida, y de ahí ofrecérselo a Dios. Mis sueños me lo piden, últimamente están llenos de animales salvajes y exóticos. En esa dimensión chamánica interior a veces busco su ayuda y la consigo, pero a veces me aíslo de todos ellos y se mueren. Así que los nutriré adecuadamente, me ocuparé de eso. Puedo distinguir entre las apariencias y lo que es esencial, en ese no hay malentendidos.

Estoy entrando poco a poco en otra etapa. Mis hijos están creciendo bien y en pocos años tendrán su propia vida. Mis padres están ya muy mayores (de hecho mi padre está enfermo), y mi práctica de psicoterapia en Córdoba no acaba de fluir, aunque hay otros aspectos que están funcionando bien en este momento que son relativamente nuevos. Trabajar con el I Ching me está ayudando a expresarme con autenticidad canalizando la intuición de forma muy concreta. Honrar este aspecto femenino de la psique me ha llevado a cerrar mi larga etapa académica con una tesis doctoral dirigida en parte a reconstruir la dimensión femenina del proyecto Eranos, el centro que promovió Jung con la holandesa Froebe-Kapteyn. Personalmente este trabajo viene a poner en orden a un componente masculino de mi línea paterna que durante años me tuvo tomada, colocándolo al servicio del femenino, que es donde siempre debió estar y quedarse. Así los dos podrán vivir y brillar juntos.

Por otro lado siento que tengo la necesidad de testificar la belleza de Dios ahora que nuestro planeta está atravesando un momento complicado. Se trata de ofrecerLe Su propia Belleza para que no se olvide de nosotros, ni al hacerlo de Él mismo. El cortijito de Las Alpujarras es uno de esos rincones que se salva del desastre. En cada simple grano de su tierra está escrito Su nombre, es una auténtica bendición. Aunque lo puse a la venta hace unos años sorprendentemente nadie lo compró. Sé que ese será mi sitio. El suelo de ese lugar está vivo y quiere ser cuidado, quiere tener una relación con los seres humanos. De hacerlo, nos ayudará en nuestro trabajo de trasformación y cura. Un espíritu de esta tierra me lo hizo saber hace años. Me pidió que la cultivara porque esa era su razón de ser: tener una relación de cuidado con los humanos por la que ella nos alimentaba y nosotros la bendecíamos.

7 DE FEBRERO

W. me dice que viviré hasta los 78 años y que mientras tanto ¡tengo que vivir!.

* * *

El ascetismo no es lo mío. En mi caso no es correcto porque cuando yo me aíslo lo hago por miedo a los demás y no precisamente por estar más cerca de Dios, es decir, es ego (distracción). Ya lo experimenté en Holy Isle. Lo cierto es que tampoco es lo mejor para una mujer. Nuestra naturaleza es la de estar metidas hasta las trancas en la vida y no podemos cortarnos de su raíz, enajenarnos de la tierra, porque somos las guardianas de su luz, de su llama, que es la nuestra.

14 DE FEBRERO

He dejado a mis hijos en una residencia durante unos días para descansar. Es un colegio o una institución poderosa, de hecho me doy cuenta ya tarde que es una secta peligrosa. Su director lava el cerebro a los niños y los separa de sus madres, así que tengo que sacarles de allí lo antes posible. Vuelvo para rescatarles al estilo James Bond, no escatimo en recursos, pero el dueño es demasiado poderoso y temo no estar lo suficientemente preparada...

* * *

Comprendo que esa rígida institución se corresponde con la estructura de mi padre interno en pleno despliegue de su autoridad, sin estorbos de por medio. A pesar de todo el trabajo que llevo hecho hasta aquí y de estar en contacto con nuevos recursos muy positivos, me frustra no sentirme capaz de liberar a mis hijos, que son los nuevos aspectos de mi mandala individuado. Me duele este sueño, me meto en la cama, dentro de las mantas la vida no lastima tanto. Pero la realidad es que vivir significa salir de aquí, sacar de allí a los niños, nacer. Mi tendencia a debilitarme frente a este padre solar es innegable. No puedo seguir escondiéndola. Voy a liberar a todos esos niños.

25 DE FEBRERO

En la meditación he preguntado qué es vivir para mí.

Kira, mi gata medio salvaje, juega por todas partes. Estoy lista para irme a dormir. De repente veo que Kira, que aún es pequeña, curiosea con una tela de araña de la esquina del techo que siempre ha estado ahí y nunca me ha dado por limpiar. Dentro de ella vive una araña vieja y enorme que le pica y la mata. Estoy desesperada, no encuentro el cadáver de Kira ni tampoco a la araña, que al caer del techo tras el contacto con la gata me ha rozado los brazos hinchándomelos con su veneno. Sé que no es peligroso y también que voy a encontrarla y a matarla.

* * *

Esa tela de araña debería haber desaparecido del techo hace mucho tiempo, sin embargo ni siquiera me molesté en quitarla... De seguir así dormida mi mujer salvaje puede ser atacada de muerte por la protectora y encostrada araña-madre.

Luego he pedido ayuda para comprender mejor qué es lo que quiere decirme este sueño. Una voz me ha dicho "¡Vive!". Está claro lo que es la muerte: quedarme dormida bajo la tela de araña. Al menos el sacrifico de mi pobre y fiel gatita la ha echado fuera de su casa y ahora estará desprotegida por algún lado.

27 DE FEBRERO

He tenido una conversación con un amigo sobre todas las formas en las que me he venido escondiendo para evitar el dolor. Ese no vivir lo compensé con una rica actividad fantasiosa que acabó volviéndose contra mí y encerrándome en vida. De este modo la inadecuación fue aumentando exponencialmente hasta la extenuación. La verdad es que muchas de las decisiones importantes que he tomado han estado dirigidas a fortalecer ese aislamiento. Solo exponiéndome a la vida voy a salir de esta trampa que con tanto esmero he ido construyendo.

* * *

Esta noche ha vuelto el hombre violento. Se llevaba mi coche con mi teléfono móvil. Me dejaba en un lugar extraño del que yo tenía que huir. Encuentro una posada con un teléfono que no funciona. Hay gente a la que no conozco, les pido sus móviles pero todos tienen alguna tara y no puedo usarlos… Todos ellos son teléfonos inservibles que me muestran las formas en las que me he estado escondiendo de un contacto real.

* * *

Recuerdo este poema que escribí. Fue uno de los primeros. Tiene mucho que ver con la araña y con los disfraces que he usado para ser invisible:

Aquí por fin una mesa
Sobre la que morir en el olvido de todos
Olvidada, yo. Yo que he poblado el sol
Y he dormido dentro de los cráteres lunares
Inútilmente vieja, lo sabía
Oí el cuchicheo de las estrellas
Tras la espaldas de la madre.

Es interesante comprobar cómo la poesía verdadera se abre a los mundos internos, a esa luz no reconocida que se esconde en su oscuridad como una gema, anticipándola, sin que el poeta lo comprenda. Escribí este poema con menos de veinte años.

Entonces ese "¡VIVE!" significa sal, habla, relaciónate, exprésate, crea. Ese es el servicio para mí. Todo el daño que me vino fue simplemente resultado de proyectar mi propia inadecuación sobre los otros y a estas alturas ya sé el por qué de mis inseguridades... ¡Estoy más que lista!

Estaría bien revisitar mi poesía y escribir contra-poemas con todos mis versos. Ese podría ser mi próximo libro: *Contrapoema*s

Aquí por fin una mesa
Sobre la que vivir en la memoria de todos
Recordada, yo. Yo que he poblado el sol
Y he nacido dentro de los cráteres lunares
Necesariamente vieja, lo sabía
Oí la canción de las estrellas
Sobre el costado de la madre

MARZO

3 DE MARZO

W. me manda el poema de un amigo suyo:

Sigue intentando esconderte y con el tiempo
Te convertirás en una pared

Sigue intentando amar y con el tiempo
Te convertirás en amor

Nuestro viaje en la Tierra consiste en dejar
de escondernos, para que podamos convertirnos
en amor

Todo lo demás es una seducción
Y una distracción

El coraje está en mantenerse fiel.

6 DE MARZO

Querido Sheikh,

Hace como un mes soñé que me decías "¡Dios quiere que vivas!". Me dijiste que mientras estuviera viva tenía que vivir. Esta experiencia ha marcado un antes y un después para mí. ¿Durante cuántos años he estado evitando un contacto con lo real?, ¿cuántos escondites ideé para conseguirlo?. Gracias de nuevo por el poema que me enviaste porque ha venido a confirmarlo todo. A estas alturas ya conozco la mayoría de esos escondites. Tal vez tuvieron su función en mi infancia pero hoy solo son fantasmas, sombras de una vida vivida tras la ventana. Por primera vez los distingo, también veo aliviada que con la luz se disuelven. Estoy viviendo un renacimiento en el que mi femenino comienza a brillar y el masculino, por fin, puede empezar a servirlo en esta nueva vida en la que han nacido los dos al amor.

ABRIL

7 DE ABRIL

W. me pregunta: "¿por qué me amas?". Le respondo: "Porque cuando te amo estoy viva".

* * *

Mi ego se alimenta del miedo a la muerte. Mi Yo superior de la alegría de la vida.

11 DE ABRIL

Estoy en la cárcel. Ayudo a escapar a un profeta al que la masa espera afuera con gran devoción. Se lo entrego a la gente que emocionada lo agradece. Después vuelvo a encerrarme en la cárcel, el carcelero es un buen hombre y me da pena que lo castiguen. Cuando me ve que he vuelto se echa a llorar de agradecimiento. Estoy muy triste dentro de la prisión, no me enorgullezco de haber sacrificado mi vida de este modo. Ahora la celda es el cuarto de estar de mi casa de la infancia. La única fuerza que puede ayudarme a salir de aquí es el poder de mi energía sexual.

* * *

El carcelero de mi torre, este masculino mío que se está yendo, actúa con todo tipo de tretas. Mi femenino, a ratos bajo el síndrome de Estocolmo, cae en su trampa.

14 DE ABRIL. NOCETTO, TOSCANA

Mis hermanas y yo estamos durmiendo en lo que es el salón de la casa de vacaciones que teníamos junto al río cuando éramos pequeñas. Parece la habitación de un hospicio. Es de noche. En el cuarto entra un espíritu oscuro que reconozco como un hombre que quiere abusar de nosotras. Mi hermana la mayor me dice que tiene un plan para escapar y me pide que me vaya con ella. Le digo llorando que no puedo irme de allí porque de hacerlo no quedará nadie para proteger a mi otra hermana, la más vulnerable de las tres. Ella se va, me quedo muy triste.

* * *

Lo que necesito destacar de este sueño es que es similar al anterior porque en los dos hay un sacrificio. Si acaso en este último se acentúa más esta abnegación invalidante del femenino que colabora en mantenerme encerrada. En ninguno de estos casos mi comportamiento es correcto pues ambos concluyen en la autoinmolación y el encierro, y claro que desde ahí, muerta, una no puede servir al mundo. Además es interesante que he caído en la cuenta de ese otro aspecto femenino del sistema que ante la presencia de un elemento masculino amenazante reacciona huyendo. Si leo todas las claves juntas aparece una imagen del sacrificio como huida, y ayudar desde ahí es cruzar una línea muy roja.

15 DE ABRIL

Tengo una colección de serpientes de todo tipo encerradas en unas urnas de cristal. Ha venido el médico y vamos a liberarlas. La sabiduría de la serpiente quedará a salvo. Es un sueño de transición en el que por fin el movimiento de la energía sexual de la kundalini se invierte desde encierro hacia la libertad. Las cosas se empiezan a poner en su sitio.

16 DE ABRIL.
TRAVESÍA EN BARCO BARCELONA - CIVITAVECCHIA

Sentí tal miedo al subir al barco que pensé que iba a acabar conmigo. No podré dormir esta noche, estoy en pánico, tengo que parar esto porque aún queda viaje. Observo cómo me siento comprendiendo que esa no soy yo. Es la voz del susto crónico de la madre agitándose dentro de mí. Entonces recuerdo que soy amorosamente cuidada y sostenida por el Amado. Decido poner tierra entre el miedo y yo. Lo he sentido, lo sé: yo soy Él y Él soy yo. Todos y todo es Él y Él es todo y todos. No tengo miedo.

26 DE ABRIL. EMMETTEN

He llegado al retiro. La familia queda atrás, aquí me espera otra familia, la de la vida. Dios te ofrezco lo único que un ser humano puede ofrecerte: ser llenado por ti. He comprendido, estamos todos unidos a ti de un modo fundamental y misterioso. Somos amados con un amor que no puede comprenderse y no hay verdad más cierta en el mundo que esa. Por eso estoy aquí, solo para servirte.

La noche anterior soñé que me entregaban un paquete de energía para usar en este retiro.

W. ha hablado sobre el Amor. Es la condición básica del ser humano. En este sendero se nos va llenando poco a poco de él hasta convertirnos en amor. Me ha recordado la experiencia reciente del barco. Entiendo que el sendero nos va transformando y nos enseña a vivir dejándonos amar y amando. ¡El ego es tan agotador y aburrido que voy a dejarlo fuera de este retiro!... Soy amor.

He soñado con mi abuela. Estaba recibiéndome en la puerta de su casa y se alegraba mucho de verme. Al fin la matriarca del paisaje de mi femenino sale a darme la bienvenida, es un gran paso.

27 DE ABRIL

La charla de hoy ha ido sobre cómo el mundo fenomenológico y la unidad se conectan con el ser humano a través del amor. Llega en un momento en el sendero en el que el amor va haciéndolo todo: entonces confiamos. Sin embargo, antes hay que vaciarse para que el amor pueda entrar y eso duele. Se refiere a las nubes como filtros que hablan de nosotros porque de veras que no son nada. Nuestra tarea es verlos para poder deshacernos de ellos. La meditación de hoy me ha llenado de amor. He hablado con una compañera del grupo, me ha recitado un poema que ha hecho que se me salten las lágrimas "Mi primer país fue mi madre y luego la tierra".

* * *

Imagen de meditación: ando por la habitación de al revés, con los pies en el techo. Me doy cuenta que es una descripción lo que es ser Sufí: una "loca de Dios".

* * *

Por la noche una batalla está por llegar. En la costa hay cientos de soldados atrincherados. Estoy manejando un barco y al verlos me extraño, sospecho de ellos. Todos se hacen el loco al verme, intentando quitar importancia al hecho de que están ahí. Entiendo que quieren engañarme para atacarme pillándome por sorpresa.

* * *

Este sueño describe el momento espiritual que estoy atravesando. Mi capacidad de discriminación va en aumento. El ego se sabe al descubierto y quiere atacar a su adversario, que es el barco, la consciencia espiritual. Hay una batalla en ciernes porque este ego se ha quedado lejos de aquí en una mochila que he dejado abandonada en la estación de Stands. Estoy al control del barco y sé de los movimientos del ego, así que estoy fuera de peligro. Será un retiro tranquilo.

Siento que tengo que querer más que nunca a mis maestros. Quererlos me protege. Ahora que el ego se ha quedado fuera está siendo mucho más fácil.

30 DE ABRIL

Volviendo a Córdoba no he podido dejar de sentirme absolutamente tomada y desbordada por una energía enorme, ruda. No podía dejar de moverme. Creía que iba a enloquecer.

MAYO

1 DE MAYO

La energía no es buena, no es mala. Es pura, bronca, bruta. Todo depende de si podemos o no sostenerla. Ayer no supe hacerlo, ahora me doy cuenta. Puede ser peligrosa si una no está espiritualmente madura. Es el eterno oscuro, Lilith, Ereshinka. Debe ser llevada a la vida a través de la consciencia, de no hacerlo, puede dañarnos a todos.

3 DE MAYO. CUMPLEAÑOS

Una mujer de la calle, ya madura, acaba de tener una bebé oscurita (Lilith). La abrazo, la beso, la cuido. La madre tiene ya muchos hijos (17) amados que va dejando por ahí. Me pregunto si podré criar a esa pequeña que me quiere tanto. ¡Estoy muy feliz!.

4 DE MAYO

Una imagen de meditación: arreglan la carretera de la urbanización en donde vivo. Ahora podré comunicarme más y mejor con el resto del mundo.

5 DE MAYO

Estoy perdida en una gran ciudad mediterránea. Vengo de acompañar a alguien y me desviado de mi camino. Llego a una casa en la que vive el hombre violento de mis sueños. Tengo que salir de allí lo antes posible. Para coger el bus que me lleva de vuelta debo pasar por un barrio peligroso en plena noche (por un edificio desierto en el que cualquiera podría hacerme daño).

* * *

De nuevo una advertencia: comprendo el peligro de desviarme de mi camino. El masculino abusivo siempre está al acecho. Sigo puliendo el sistema de discriminación.

21 DE MAYO

W. y yo mantenemos una conversación en español. Nos reímos un montón. Somos buenos amigos. Nuestra conexión ha dado un salto cualitativo y atraviesa un momento estupendo.

* * *

Estoy andando por Barcelona. En un cruce de calles hay una especie de plaza-cueva que ha abierto el ayuntamiento para meditar. Hay imágenes preciosas proyectadas sobre las paredes acompañadas de una música relajante. Me parece una idea estupenda para traer a Córdoba.

* * *

Por fin invierto mis recursos en empoderar partes más colectivas y trascendentes de la psique, lejos del drama personal.

23 DE MAYO

Estoy desnuda. Voy andando por un desfiladero desde el que la gente se está lanzando al vacío. Me da miedo lo que estoy viendo y me alejo. Lo cierto es que también estoy observando la escena en tercera persona. De repente me veo dándome la vuelta… comprendo que, como ellos, ella (que soy yo) va a saltar, pero no quiero que lo haga. Sin embargo, voy hacia el abismo como una loca y al llegar al filo del acantilado cierro los ojos y salto. La altura es enorme, estoy asustada, me cuesta relajarme mientras estoy en el aire. Como puedo, encuentro la postura adecuada para fluir con la caída. Abajo está el océano, al entra en el agua me golpeo limpiamente el cuerpo y compruebo que no me he hecho daño. Somos muchos los que estamos allí abajo. El agua es trasparente, el sol del amanecer nos ilumina suavemente. Vamos recibiendo, uno tras otro, pequeños grupos de gente que llega de todas partes. Los bautizamos. Estoy feliz.

* * *

Es un sueño colectivo y fundamental. El Yo superior se rinde a los dictados de los maestros. Me ofrezco a su servicio, me he comprometido con ellos, he dado el paso que se me pedía (he hecho mi salto al vacío).

25 DE MAYO

Se me dice que tengo que leer el libro el *Secreto de la flor de oro* de Jung y Wilhelm. Hay una sincronicidad con este sueño porque hoy he visto por primera vez una aquilea dorada, la flor del I Ching, esa que para mí simboliza el servicio.

JUNIO

1 DE JUNIO

He ido a la casa de mis abuelos paternos. Está completamente renovada, ahora es un museo precioso, lleno de luz. En la planta de arriba hay una sala de conferencias, también un estanque de estilo árabe de aguas cristalinas y nenúfares, sus chorritos de agua acaban de encenderse. Le comento al guía que allí fue donde aprendí a nadar. Caigo en la cuenta que, como conozco bien el sitio, podría ofrecerme para trabajar con ellos. "Verde" es el nombre de la chica responsable de recursos humanos. Me pregunta si tengo formación suficiente para aplicar. Le digo honestamente que así lo creo. Me da el trabajo. Cuando salgo de allí observo desde lejos que toda la casa es un gran barco. Al día siguiente vuelvo para entregarle mi currículum a Verde. Lo toma, me enseña en una breve visita cuáles serán las primeras ocupaciones que tendré que realizar durante un corto período de prácticas. Comenzaré en un salón de belleza. Nada más entrar allí llega una pareja de extranjeros. Les recibo colocándole mi mano sobre el pecho, lo que despierta en ellos el recuerdo de sus dones, su belleza para ofrecer al mundo. Después vamos a una taberna que está llena de personas de aspecto oriental a las que habré de servirles el vino (la sustancia divina de la devoción). El último de estos trabajos lo realizaré en un aula de recepción del museo, que aún no está abierta, explicando en inglés a los turistas en qué consiste la visita al museo. Siento que después de todo lo que llevo aprendido este trabajo parece sencillo. Estoy feliz, Verde también lo está.

* * *

¡Wow!... Sueño importante que marca el inicio de una nueva etapa de mi vida y mi espiritualidad, más madura, en la que estoy lista para ponerme a disposición de los maestros y de los demás trabajando desde la luz de mi alma. La alquimia se ha hecho, la línea de mis ancestros paternos se ha purificado, se ha redimido, está libre. Su oscuridad se ha convertido en una pequeña luz para el mundo que viene. Verde, una metáfora de *Khidr*, el arquetipo de la verdad revelada, así lo testifica. Tras haberme lanzado al vacío llegan los primeros trabajos. Los maestros confían en mí.

5 DE JUNIO

Querido Sheikh,

Poco a poco me estoy abriendo a los brazos de la Gran Madre y su Unidad se vuelve más clara.

Entiendo que la vida es la expresión de un amor impersonal que se ocupa y preocupa de todas las criaturas del universo. Con los seminarios de I Ching estoy creando una sólida relación con mi intuición: una sabiduría que está dentro de mi cuerpo pero que no he reconocido ni honrado hasta ahora. Entiendo que el camino académico ha estado, en mi caso, fuera de tono. Es fácil y maravilloso vivir a través de lo que una es de verdad. Paradójicamente estar en servicio real no tiene nada que ver con uno mismo sino con una conciencia impersonal que es fruto de Su amor.

10 DE JUNIO

Hay una casa preciosa en la que viven tres mujeres. Tienen escamas en su piel, como serpientes. Me dan un líquido a beber. Mi piel se empieza a convertir en la de una serpiente. Estoy asustada. Voy a buscar un remedio que frene el proceso, aunque no hay nada que pueda pararlo.

* * *

Leo sobre Medusa, una de las tres hermanas Gorgonas: su mito pone de manifiesto cómo el papel central de la mujeres guerreras, jefas, sacerdotes y sabias en las sociedades arcaicas fue suplantado por una cultura patriarcal, androcéntrica, donde los héroes como Perseo destruyeron a las identidades femeninas transgresoras que constituían un obstáculo.

Nunca hay que bajar la guardia, no hay cimas conquistadas, el sendero siempre se está haciendo.

JULIO

4 DE JULIO

Sheikh,

Te escribo en medio del dolor. Tengo tanto dolor que mi cuerpo está paralizado. ¡Hay tanta belleza ahí afuera y soy tan incapaz de disfrutarla! Entre ella y yo hay muchos velos: el principal, mi aislamiento, una defensa frente a la vulnerabilidad de no querer expresar lo que soy y necesito, por miedo (¡y tal vez por comodidad!). ¡Estoy tan abrumada por no asumir esa responsabilidad!. Cada momento en el que no me hago responsable de mí sé que me estoy muriendo. No puedo olvidar que me dijiste que Dios me quiere que viva. En cambio sigo paralizada en la cama, dolorida, incapacitada. Días después me preguntabas que por qué te amaba. Te respondía que porque "cuando te amo estoy viva", y te amo más de lo que puedo entender... Espero no fallaros a todos. ¡Que Dios me dé templanza!.

5 DE JULIO

Anoche me fui a la cama escuchando la charla de W. *Separación y Unión*, y claro, entendí mi dolor como el anhelo de los sufíes, el secreto de la Taberna de la Ruina. He aceptado que 'no hay cura para el Amor', y que el Amor como anhelo, es el único camino para volver a Casa. A veces siento mi soledad como algo doloroso sin entender el tesoro que esconde dentro. Rabia, la gran mística persa, decía: "Dios del amor, dame lo malo". ¿Qué hubiera sido de mí sin esa fricción continua e inconfortable que me ha bajado a la tierra?. Lo pequeño de mi vida es lo más grande, sencillamente es precioso. Cocoliso es Cocolisto. Saturno da ahora luz.

8 DE JULIO

Estoy obrando la casa de mi abuela porque me he casado y voy a mudarme allí. Le digo al ventanero que quiero los pomos de las ventanas en vez de blancos dorados. Se alegra de mi decisión.

* * *

He comprendido durante estos días que todas las narrativas dramáticas que me cuento sobre mis dificultades para vivir una vida espiritual son ilusiones, puro material cognitivo, no son nada, solo humo. Esa comprensión significa que he pasado otra pequeña prueba (y he subido otro peldaño de la escalera que me lleva hasta Él). Ahora puedo mudarme a la casa de mi abuela, que en mi mundo interno es una cámara del corazón, más profunda, un habitáculo Suyo más íntimo. Las ventanas de pomos dorados traen el vacío a sus muros.

Treinta radios convergen en el centro
de una rueda,
pero es su vacío
lo que hace útil al carro.
Se moldea la arcilla para hacer la vasija,
pero de su vacío
depende el uso de la vasija.
Se abren puertas y ventanas
en los muros de una casa,
y es el vacío
lo que permite habitaría.
En el ser centramos nuestro interés,
pero del no-ser depende la utilidad.

Capítulo XI tao Te King

27 DE JULIO

He preguntado al I Ching. Me ha devuelto la imagen de El Andariego. Comprendo que debo ir a Londres a ver a W. El sufí es un viajero en el mundo de las formas. Está siempre de paso.

AGOSTO

6 DE AGOSTO

Primer sueño de cura de un proceso sanador clave

Paseo con W. Me cuenta que lo que me preocupa en la mandíbula me lo he hecho por morderme las uñas sucias. Después dice que puedo llamarle "Her Hertzbrescher" o algo parecido.

* * *

He mirado en el traductor de google y esa expresión existe en alemán. Significa literalmente el ¡Sr. Rompecorazones! y eso que el alemán me parece aún más complicado que el chino.

10 DE AGOSTO

Me invitan a Madrid a ver *La Valkiria* de Wagner. Me pilla por sorpresa aunque me alegra. Al entrar a la ópera me quito mis guantes de campesina y se los entrego al portero, que me mira un poco por encima. Me acompaña una mujer que está muy contenta de tenerme allí. Llamo a mi padre por si quiere venir pero no me coge el teléfono. No me importa demasiado si al final viene o no. Entro en el recinto que está en la calle Barquillo (donde tuve mi primer trabajo en el Colegio de Arquitectos), frente al círculo de Bellas Artes, una de las zonas de la cultura madrileña. Una vez allí la mujer me dice que en verdad estoy invitada para dar una charla sobre I Ching, que lo de la ópera ha sido una treta para que viniera. Me sorprendo, me siento bien con la idea aunque no estoy segura de cómo lo haré porque nunca antes lo he hecho y el público universitario que veo en las butacas parece muy *smart*. A pesar de estos recelos salgo a dar la conferencia. Improviso y hago un análisis comparativo de tres hexagramas (solo recuerdo que el último es una cruz). En mitad de la explicación un hombre del público, un prestigioso académico, se levanta indignado y me aparta del escenario. Borra todo lo que he escrito en la pizarra y comienza a disertar arrogantemente sobre geometría, matemáticas e I Ching. Estoy muy enfadada, observo con asombro que la gente que asiste a la conferencia también. Entre unos cuantos de ellos lo sacan de escena a la fuerza y me piden que vuelva. La mujer que me había invitado le dice a este profesor cuán hartos están todos de sus peroratas intelectuales. Al parecer quieren escucharme solo a mí, están muy interesados en la manera improvisada e intuitiva que tengo de trabajar el I Ching, así que vuelvo a subirme al escenario mientras que al catedrático lo expulsan del lugar. Todos me aplauden contentos. El resto de la charla trascurre plácidamente.

* * *

Este es un sueño fundamental. De ahí la treta de *la Valkiria* para desplazarme hasta Madrid, centro de los centros, olimpo de los dioses a donde el alma de los héroes caídos en la batalla es llevada para su descanso y preparación antes de la batalla del fin del mundo. Los nuevos aspectos de mi psique (los alumnos), así como sus renovadas partes femeninas (la anfitriona y la conferenciante), no soportan más mis dobleces intelectuales (propias de la psique masculina que ha estado al control durante tantos años, simbolizada por el desfasado académico) a las que vencen y acorralan. Ahora dan la bienvenida alegremente a un conocimiento más instintivo e intuitivo que ya está maduro para funcionar en la vida. Lo honraré, no volverá a ser pisoteado por un prejuicio patriarcal, abstracto, castrador. Jamás me sentiré pequeña por ser mujer.

Soy consciente de que durante todos estos años he proyectado sobre el maestro, que en verdad es un contenedor vacío que sostiene la energía del sendero, la cara que la hija no quiso ver del padre (el académico crítico y autoritario en continuo ataque a mi femenino salvaje y amenazador -Saturno en casa 4 en cuadratura a mi Luna en casa 8). Todo fue una proyección: el miedo a lo que W. pensara de mí no era sino mi propio miedo irracional hacia esa parte no reconocida del padre internalizado. A partir de aquí hay un punto de giro en mi historia. Los ancestros de la línea paterna no solo quedan ahora bajo la luz solar, también han sido integrados. Mi abuelo descansa en paz. Entiendo emocionada lo que significa la transfiguración de su casa en un museo lleno de luz abierto al público. Apunta a ese principio universal del padre, del Dios adentro al que todos aspiramos. Pura alquimia. Realicé bien las prácticas y ahora empieza el verdadero trabajo.

18 DE AGOSTO

Mi padre está intentando arreglarme la arteria coronaria para que no me muera. Recuerdo el sueño en el que W. me dice que él es el Sr. Rompecorazones. Ahora, la voz inconsciente e internalizada de mi padre quiere curarme el corazón que W. me ha roto, porque de ello depende su supervivencia. Pero no puede hacerlo, ya no funciona el hechizo de mi embelesamiento por su iridiscencia.

Estos sueños marcan simbólicamente la muerte del padre en los mundos internos.

19 DE AGOSTO

Ver a ese padre inconsciente que nunca quise ver, el padre saturnino, al estar siempre orientada hacia el venusino, divertido y amoroso (ambos planetas están en mi casa 4; también el nodo norte, que tiene que ver con convertirme yo misma en mi propio padre) me está abriendo a la vida de una forma en la que antes nunca pude. Somos los ingredientes de un sabroso caldo al que cada uno de nosotros da sabor y valor nutricional. Estas singularidades son gracias "objetivas" con las que llegamos al mundo, encarnaciones de Sus 99 nombres, y están por encima de las características genéticas y estilos de crianza de nuestras familias de nacimiento. Es por eso que aspiramos a ellas: para ofrecer a la vida lo que verdaderamente somos, y al hacerlo traer Su recuerdo a la tierra. Desde esa pureza todo es simple, fácil, sencillo. Movidos por este sentido de identidad y de pertenencia colectivo (porque nuestro "yo" es un componente más de la sustancia que adereza toda la existencia y fuera de eso no puede significar mucho) nos hacemos reales al comprender que somos hijos de la vida y eso es todo. Ya no hay de lo que preocuparse sencillamente porque no hay una vida que ganarse. Todas las mercedes están dentro de nosotros por el solo hecho de estar vivos como hijos del Sol y la Tierra.

Ese viaje a lo largo de las dos coordenadas de la vida (el eje de la X y de la Y, la cruz) ha sido complicado, doloroso, sanguinolento. Atrás quedan los sueños que otros quisieron para mí, sus grandes planes. Frente a esos velos ahora veo hacia dónde me está llevando el viaje: a plantar lo grande en lo pequeño. De ahí nacerán los verdaderos frutos.

23 DE AGOSTO

Estoy en mi pueblo de la infancia. Me salgo del camino por el que voy andando. Entro en la casa de una de nuestras niñeras. Es sencilla pero muy bonita, también es grande. Con ella está su hermana (quien de pequeñas a veces nos cuidaba). Me enseñan el ático. Tienen allí un enorme y precioso jardín. De repente llegan todos los hermanos de la familia. Cuando me ven vienen hacia mí y nos abrazamos. Los siento como verdaderos hermanos. Me siento querida y los quiero.

* * *

La simplicidad llega a mi vida al identificarme con un "yo" más colectivo simbolizado por una gran familia en la que me siento cuidada. Todo ha cambiado.

25 DE AGOSTO

El maestro se ha ido. Nos ha dejado. ¿Acaso puede un gran maestro retirarse? ¡parece que sí!. Se ha despedido de la tarika en Londres, donde todo empezó. Ni siquiera sé cómo me siento. Solo sé que acabo de estar allí, a sus pies. Supe que tenía que venir a Londres, el I Ching lo confirmó y así lo hice. Me embarqué en este viaje coctelera sin saber la magnitud de lo que se nos venía encima...

Días antes acababa de terminar de leer su biografía. En el libro contaba el principio de todo. Hoy se cierra el círculo. ¿Qué pasará con la tarika? Sinceramente, no tiene ni idea. Unos morirán, otros se irán con su hijo, quien se hará con las riendas del sendero, otros tomarán a otros maestros... Solo hay algunas excepciones entre nosotros a los que los maestros le han indicado que no va a poder dejar. ¿Y los demás? ¿qué ocurrirá con ellos?. W. dice que ya nos dio la conexión con Dios y la energía para vivirla, las instrucciones para estar alineados con ella y llevarla a nuestras vidas. Todo depende ahora de nosotros. Dice que tiene una libreta con el destino de todos escrito en una página. Lo que hagamos dependerá de nosotros: tenemos un destino pequeño y otro grande, y por supuesto, ambos están bien.

No hemos llorado mucho, solo algunas lágrimas. Tenemos un gran maestro y comprendemos los desafíos de este mundo que está cambiando rápidamente. También que el grupo ha llegado al final de un ciclo. Por fin podrá descansar. Nada de comunicarnos con él en unos dos o tres años. Sé que estos tiempos que vienen serán de locura.

La conexión con las amigas londinenses de la tarika es preciosa. Hemos cenado en el restaurante vegetariano en el que solemos hacerlo tras las charlas de W. Antes de que llegáramos debió de haber un cumpleaños en la mesa que ahora ocupamos porque dejaron la decoración montada. El mensaje decía "Feliz Cumpleaños" con un corazón dorado, el símbolo de nuestro grupo. Sentí que era un mensaje muy personal para todas nosotras... Algo se ha ido y algo acaba de empezar ¡y hay que celebrarlo!. Recordaré este día de hoy, 25 de agosto, como el principio de algo importante en nuestras vidas.

SEPTIEMBRE

8 DE SEPTIEMBRE

Estoy visitando un lugar que desconozco junto a un guía. Entramos en una Iglesia. Me siento atraída hacia un rincón en el que hay un hombre meditando profundamente. Entro en meditación. Soy llevada hasta un lugar que no recuerdo. Me despierto en un sueño lúcido en mitad del desierto. Hay algunos compañeros de la tarika. Una mujer está triste por la decisión de W. Le digo que se alegre, todos los recursos del maestro ya están dentro de nosotros, somos nuestro maestro interno. La he ayudado. Me despierto.

ESA SEMANA

Mis padres están muy débiles, se caen. Van al hospital a morirse.

* * *

18 DE SEPTIEMBRE

Estamos con W. en un pequeño encuentro clandestino. Voy de blanco. Su guardaespaldas espiritual está junto a él, como suele ser normal cuando estamos de retiro. Durante el descanso el maestro se me acerca y me habla amablemente en un buen español. Le pregunto que por qué nunca se dirigió a mí en mi lengua durante estos años. Me dice que yo siempre me dirigí a él en inglés (lo que es cierto). Veo que tiene una mordedura en el brazo. Le ha mordido un ratón. Me preocupa. Comenta que está tomando medicamentos y que no es nada serio.

* * *

El maestro externo (más debilitado) se está integrando en el interno, que está creciendo dentro de mí.

24 DE SEPTIEMBRE

Pesadillas en Madrid. Estoy junto a un desconocido. Hay un atentado en el centro de la ciudad. Ese hombre me deja sola en mitad del caos. No sé donde está mi coche. A lo lejos veo acercándose hacia mí al hombre violento de mis sueños. Al darse cuenta de que lo he visto disimula, hace como si fuera el ser más celestial.

* * *

Debo ir con cuidado por Madrid, la capital del Dios solar que tanto me ha deslumbrado. Es arriesgado para mí, de ir a ciegas podría destruirme. Los aspectos masculinos más abusivos de mi psique pueden ser peligrosos en sus últimos coletazos, quieren morir matando.

OCTUBRE

1 DE OCTUBRE

Mi padre se ha muerto en la casa de mi abuela materna (la matriarca de los aspectos femeninos de mi psique). Primero lo hizo su espíritu, luego su cuerpo. Este pueblo y esta casa son símbolos de un proceso de madurez espiritual que va desde un concepto más individual y limitado del yo a otro más colectivo y de unidad.

3 DE OCTUBRE

Sueño lúcido con W. Estábamos con el resto de la tarika, relajados. Observo que mi mano comienza a deshacerse. Quiero alargar este instante y quedarme junto a ellos. Pongo toda mi intención hasta que consigo continuar dentro del sueño.

20 DE OCTUBRE

Estoy en un aula dentro de la casa de mi abuela materna. Una profesora de lengua nos entrena.

Creo que no tiene una buena impresión de mí, sin embargo se me acerca y me anima a no quedarme aislada del resto del grupo. Me pide que me defina en una sola palabra y yo le contesto: "pacífica", siempre evito el conflicto. Entonces me manda una tarea para hacer en la asignatura de lengua. Como antes me había preguntado dónde vivo y le expliqué que en un cortijito en Sierra Nevada, me pide que entrene a un ave cetrera, a un águila. Se trata de que lleve en su pico a la gente del valle, escrito en pequeños papeles, todo lo que he aprendido hasta ahora escuchando a los pájaros. Me insta a que lo haga ya. Estoy muy contenta, me parece una tarea preciosa.

* * *

Los sueños que ocurren en el contexto de la casa de mi abuela querida llevan una nueva energía más luminosa y colectiva. Por eso, son como notas de la canción de un yo más transpersonal y sus mensajes son dictados del alma. Por otro lado me parece hermosa esta dulzura con la que la mujer me instruye para salir de mi aislamiento a través de la comunicación de lo que he aprendido escuchando a los pájaros de la montaña, lo que de hecho estoy haciendo ahora.

He leído un artículo sobre Al-Ándalus y el origen de la cetrería. Las aves que solían usarse, el halcón y un águila de pequeño tamaño, son en la cultura árabe símbolos del alma.

NOVIEMBRE

21 DE NOVIEMBRE

Llego a una ciudad extraña. Entro en una casa. W. duerme. Me duermo junto a él. Nos despertamos y nos vamos a dar un paseo juntos. La ciudad está como a medio hacer, sus contornos se deshacen como barro húmedo. Nos ponemos a limpiar. Hay mucha oscuridad aquí y de vez en cuando nos cruzamos con extrañas criaturas. Al despertarme, tengo la sensación de haber vivido realmente la experiencia de estar limpiando los mundos internos más que la de estar en un sueño. Estoy cansada.

27 DE NOVIEMBRE

Sueño con una pareja de ancianos muy poderosos. Tienen muchos recursos, salud, propiedades. Hay una finca enorme familiar en la cima nevada de una montaña a la que tengo que llegar andando. La pareja me guía hasta allí. Alrededor, hay un pequeño pueblo con un viejo teatro al que entramos. En verdad es una antigua iglesia que han venido usando como tal. El edificio tiene solo un anexo en uno de sus lados. W. está dentro trabajando con unos pocos de nosotros (de la tarika). Nos enseña el lugar. Le propongo celebrar allí un encuentro anual interreligioso (budismo, sufismo, tradiciones teosóficas cristianas y activismo). Me imagino cuatro sillas en fila con cuatro personas, cada una perteneciente a una tradición. Nos parece una idea a tener en cuenta.

* * *

En las cámaras profundas de mi corazón, el asiento del alma, está la huella de estas cuatro tradiciones. Son los cuatro pilares de una vieja y nueva espiritualidad. Una vez al año se reúnen y sacan una conclusión integradora. Pueden coexistir pacíficamente, de hecho tienen elementos comunes, de ahí el mandala compuesto por la pareja de sabios ancianos, que son sus propietarios.

AÑO 2019

MARZO

5 DE MARZO

Estoy en la cima de una montaña con algunos familiares por parte paterna. Al fondo hay varias cabañas de piedra, me dirijo hacia ellas dejándolos a todos atrás. Dentro hay varios chamanes. Me dan la bienvenida, me uno a sus cantos y danzas. La construcción está llena de pasillos, me pierdo por uno de ellos. En un dormitorio está W. Me dice que me recuerda, que no me ha olvidado. Me abraza. Al irse descubro que estoy embarazada. Sé que es un niño.

* * *

Ayer estuve llorando. Llevaba unos días con la idea metida en la cabeza de mi nadería ... La policía me paró por la tarde cuando iba conduciendo y me puso una multa del todo injusta. Cuando permito que el tirano académico adquiera cierta relevancia en mi psique se producen consecuencias inevitables. En la meditación de hoy lo he vuelto a ver: el profesor me separa de mi maestro interno y el resultado de esta intromisión es inmediato en mi cotidianeidad. Estos días lo he pillado con las manos en la masa, así que al llegar a la cima de la montaña (el reino del Yo superior) he dejado atrás a algunos de sus aspectos cómplices que de vez en cuando siguen apareciendo. Luego me he entregado a la tierra y he podido disfrutar junto a los chamanes.

9, 10 Y 11 DE MARZO.

Acompaño a un amigo al bufo. Sentir su experiencia de algún modo ha avivado una apertura de mi corazón. Le escuché decir ausente, tras su inhalación, "volviendo". Sus palabras resonaron en el cuarto de una manera conmovedora que solo más tarde comprendí. Medio minuto antes había recibido un *whatsapp* con el mensaje de que alguien querido se estaba muriendo. Fue entonces cuando el viaje de mi amigo empezó a revelarse como de gran ayuda porque su "volviendo" me tocó hondo, alejándome de la tristeza o el miedo ante la realidad inminente de la muerte. Ese sonido suyo provenía de un lugar entre lo conocido y lo insólito, un puente hacia el reino en el que toda identificación desaparece, donde simplemente no hay un yo. Ese era el hogar al que había regresado, una morada a la que todos volveremos algún día sin *ticket* de vuelta. Entonces, ¿cómo entristecernos por la muerte de los que amamos si están "volviendo" a casa?. Todo parecía ligero, fácil; sentí alivio. La vida solo es difícil porque nos aterra la muerte. Su temor nos lo han metido hasta el tuétano. Siento un antes y un después de esta experiencia y agradezco infinitamente a mi amigo que me haya dejado compartirla con él. Después de comentárselo me dijo "Han encerrado a la muerte en ataúdes y la han escondido. Nos han cortado la raíz de lo que nos une a casa".

Sus palabras me hacen caer en la cuenta de haber completado un ciclo de la espiral mística iniciado hará catorce años. Entonces soñé que un joven que acababa de morir me decía desde dentro de su ataúd que la enfermedad de nuestra sociedad es la de haberse desconectado de la realidad de la muerte. La religión, en especial, se ha esmerado en que olvidemos lo que somos. Nos hicieron creer que los seres humanos fuimos arrojados a un mundo-trampa por un Padre despiadado y autoritario. Lo cierto es que fue el temor a la muerte lo que me llevó, ya de pequeña, a buscar más allá de la religión y me impulsó hasta la puerta de la espiritualidad, tal como describe el joven del sueño. Algo no encajaba en las historias del sermón dominical... Porque "Dios es bueno" el mundo verdadero no podía estar sino lejos de las moralinas de esas parábolas. Con dieciséis años tuve un episodio coronario que me plantó con brusquedad sobre la tierra. Fue entonces cuando, sin saberlo, mi búsqueda realmente comenzó.

Más tarde he recordado que días antes soñé que estaba embarazada. Esa nueva criatura lleva la energía y la fuerza de este *insight*. Mi último encuentro con W. expresa la integración, de una vez por todas, de este conocimiento que tanto me ha inspirado a buscar dentro de mí. Es el signo de su certidumbre y autenticidad. También de la sacralidad de la vida, de cómo el Amado es el principio que anima todas las formas de nuestra existencia.

ABRIL

5 DE ABRIL

Hace dos noches soñé que estaba en un retiro con mi tarika. Me sentía en casa.

* * *

Estoy terminando de trabajar ciertos complejos que vienen de la niñez y que de vez en cuando se dejan ver. Me sorprende la fricción Saturno-Urano de nuevo. No quiero renunciar ni a la casa ni a la aventura, no puedo. Entonces ¿cómo integrarlas?. De pequeña mis padres iban casi todas las tardes a visitar a mi abuela al pueblo de al lado. Les esperaba hasta que volvían, se me hacía eterno. Me inventaba juegos en el descansillo de la entrada de la casa que me distraían de una tristeza que por entonces confundía con aburrimiento. Este es un punto importante porque de niños solemos mezclar nuestras emociones, y al no darnos cuenta de que lo hacemos, seguimos repitiendo compulsivamente el mismo patrón de mayores. El caso es que me las ingeniaba como fuera para olvidarme de cuánto los necesitaba. Yo creía que estar sola era aburrido, cuando de veras era un sentimiento de abandono insoportable. Y así me pasaba el tiempo, esperándoles encerrada en el descansillo de la casa imaginando juegos, porque era importante no irme a ningún lado no fuera que regresaran y yo no estuviera. Esa fue una de las muchas maneras en las que manejé de pequeña el dolor, distrayéndome, recluida en una torre-descansillo, jugando a estar apartada de mis emociones y de la calle.

Con el tiempo he descubierto, después de mucha oscuridad, que este encerrarme para distraerme también tiene su luz. Me ha ayudado, por ejemplo, a escribir libros, lo que estoy haciendo en este momento. De ahí que la alianza inconsciente que Saturno y Urano hicieron en mi primera infancia en los términos de encierro-fantasía, aburrimiento-aventura, no haya ido mal del todo. Comprendiendo en profundidad lo que sus energías representan hoy puedo liberarlos a los dos, cambiar el dolor de la niña que no comprendía el fondo doloroso de las cosas que hacía, por el resplandor de un cielo estrellado.

¡Ya lo tengo!: supongamos que el descansillo de mi casa fuera todo el planeta, mis hijos todos los seres humanos, mis padres el sol y la tierra, mis mascotas todos las criaturas vivientes... Entonces Urano, la aventura, que también es el principio colectivo dentro de nosotros, iluminará apaciblemente a Saturno, el principio conservador, mi aislamiento en la casa, y estos dos aspectos se habrán conciliado en una vida interesante, de servicio, alejada del drama personal.

13 DE ABRIL

Estoy en el cortijito. Voy montaña abajo reconociendo la kundalini de la tierra. Una voz me indica que sigua su rostro a lo largo del curso del agua.

15 DE ABRIL

Estos días he estado algo tomada por el masculino hipercrítico. No sabía cómo reducirlo y ponerlo en sus sitio, que como mínimo es al mismo nivel que el femenino.

* * *

Sueño que soy un hombre. Soy el rey destronado de la isla de Man, sin reino, desbordado por sus fantasías de grandeza. Una joven, a la que ama, le ha abandonado inspirada por los consejos de una mujer mayor del lugar puesto que ha sido maltratada. No hay vuelta atrás y él llora desconsolado y arrepentido.

* * *

¡Muy interesante!. El masculino expresa su tormento por sus propias fechorías para con su amada, quien por fin empoderada por el consejo de un femenino sabio, lo abandona. En verdad que estos días estoy teniendo sueños de mi femenino y masculino luchando entre ellos. El femenino ya se mide al mismo nivel que el masculino, no se amilana frente a él y no evita la confrontación.

Tengo que seguir confiando plenamente en el proceso.

27 DE ABRIL

Me acabo de despertar cansada y he abierto a los gatos. Quería seguir durmiendo, así que pensé que para que los gatos no me despertaran, como siempre, lo mejor era sacarlos del cuarto. Medio dormida he escuchado una voz que me ha dicho claramente "¡ahora!". Justo en ese momento me ha parecido escuchar las patitas de mi gato Leo golpeando la mesita de noche. Me he incorporado y me he dicho "ya empiezan como todas las mañanas". Sin embargo, medio segundo después he recordado que ya los había echado del cuarto hace un momento, ¿entonces, qué han sido esos golpes?.

* * *

Entiendo la sincronicidad como un fenómeno temporal en el que todos los elementos que forman parte de su contexto conspiran para configurar juntos un significado subjetivo. El tiempo está marcado por una cualidad global, no lineal. Nuestra imaginación creativa se alía con la realidad desde una capa de la consciencia que se escapa al pensamiento, afortunadamente. Comprendo lo que es la unidad porque cuando se produce esta conjunción de alianzas la consciencia necesariamente no es solo de uno, está en todas partes. Esto tiene su interés para la vida cotidiana y aunque no estemos siempre en ese estado de consciencia, toda la vida no son sino señales de Dios, y todo siempre está hablándonos. La existencia es mágica: un pájaro, un golpe, un suceso cualquiera... todo habla de Él, son Él, son Sus señales. La imaginación no es un estado puramente cognitivo sino creativo, lo que es otra cosa, porque va de escuchar, de ver, de recordar, de comprender... El *anima mundi* es la consciencia que ilumina esta relación entre la humanidad y la vida y gracias a ella somos capaces de cambiar el mundo. Es nuestro cómplice en tanto que energía Suya encarnada en esta tierra y en sus hijos. Quizá sea eso ser un trabajador de su luz.

MAYO

18 DE MAYO

He ido humildemente a la tierra, a entregarle mis pecados, mis karmas. Sé que quiere ayudarme, porque como una madre a todos nos acoge. Le he dejado mis cuatro pecados capitales para que los disuelva entre las cavidades de su vientre, mis cuatro noes:

> "No" a la vida, en el árbol de la vida (el árbol y la roca de colores)
> "No" a disfrutar (por el aislamiento, la distracción), en la roca de la unidad
> "No" a cuidarme (a descuidar mi cuerpo-alma y el de la tierra) en la cueva del alma (el algarrobo).
> "No" a un masculino saludable (por el profesor metomentodo), en la cueva de la feminidad.

Luego lo he limpiado todo con el humo de una hoja de romero quemada.

27 DE MAYO

No hace mucho descubrí que mi hora de nacimiento es diferente a la que siempre había creído:

mi sol está en la casa 5 y mi luna en la 8. Neptuno en la 12. Ese sol me abre a la vida: Sí, a la vida, al disfrute, a la creación. Y esa luna me abre a espiarme profundamente, me lleva de vuelta al femenino sagrado.

* * *

He soñado con casa de mi abuela materna. Mis dos gatos jugaban con otro blanco. Salvé a un bichillo que parecía que iban a matar, aunque después me di cuenta que no estaba en peligro. Lo que he rescatado es una pequeña salamandra (un símbolo de las devas) de muchos colores brillantes turquesa, rosa, verde y dorado. Me mira agradecida mientras la observo maravillada. Los sueños también se alimentan de la magia. El jardín de mi abuela es el paraíso donde mi femenino va a nutrirse.

* * *

Estoy en un pueblo pequeño que tiene en su plaza un teatro. Dentro suena una orquesta. Todos los que estamos allí nos sentamos en el suelo, caigo en la cuenta de que vamos vestidos de blanco. Inmediatamente alzo la cabeza y veo a W. que está dándonos enseñanzas sobre el escenario. Hay mucha gente nueva. Estoy sentada frente a él, siento algo de pudor por tenerle tan cerca y me busco otro asiento. Al moverme hago tanto ruido que no se escucha bien la pregunta que una chica le está haciendo. Comprendo que no es oportuno cambiarme de sitio y me vuelvo a donde estaba. Me relajo, estoy emocionada de escuchar de nuevo al maestro, igual le ocurre al chico de al lado. Ambos lloramos.

* * *

No encuentro ninguna satisfacción distrayéndome de mi Yo superior, ya sea tratando de huir de mi conexión con él o haciéndola parecer menos intensa de lo que verdaderamente es. El contenedor que he creado es seguro: no está sucio, roto, ni lleno de otras cosas.

SEPTIEMBRE

18 DE SEPTIEMBRE

Una experiencia: He contactado con la energía que soy, pura, esencial, genuina, sin nombre, sin forma, sin historias... Soy energía sustentadora; pertenezco a la tierra, soy parte del sustrato de la tierra que sostiene la expresión humana. Soy cuidado, fertilidad, creo las condiciones para que la vida prospere, soy madre. La carta natal es una brújula para comprender la singularidad de ese fenómeno energético que somos cada uno de nosotros.

* * *

Un sueño: Estoy en la cima de una montaña nevada compartiendo refugio con una familia a la que no conozco. Está empezando a anochecer. Me preocupo porque tenemos que bajar al valle y una de las hijas se siente indispuesta. Soy su guía, temo que nos retrase a todos y se nos caiga encima la noche. Sin embargo, alguien del grupo viene con la buena noticia de que la luz de fuera no es la de la antesala del anochecer sino del amanecer. Quedo aliviada y contenta. Conduzco al grupo de vuelta al valle. Llegamos hasta el cañón de un gran río que fluye entre rocas de un marrón brillante. El agua es cristalina, está llena de personas, dispuestas en fila, bautizándose. Comprendo que hemos bajado precisamente a eso, a entrar en el río dejándonos fluir corriente abajo y bautizarnos.

* * *

Hay aspectos colectivos de este sueño que no me pasan desapercibidos. La oscuridad de hoy es la antesala a un mundo más luminoso y comunitario. Comprendo que por mucho malo que venga al final las cosas saldrán bien, pues después de todo vamos hacia una purificación colectiva. No lo olvidaré: la luz trémula es la antesala de la aurora. Este sueño es un talismán.

* * *

He soñado con mi primer amor (mi Yo superior). Le decía que volvía a él para quedarnos en contacto permanente.

19 DE SEPTIEMBRE

Estamos en mitad del campo esperando ver a los duendes que viven dentro de la tierra (su casa es un pequeño agujero del tamaño de una piedra). Junto a mí están otras dos personas que no se creen que eso pueda a pasar y pienso que con esa actitud nunca saldrán a saludarnos, a pesar de tener claro que existen porque ya los he visto otras veces.

Tengo que reconocer cuáles son esas partes de mí que no creen en las hadas (aunque no recuerdo quiénes eran)

* * *

Debo volver de Nueva York (llevo el mismo abrigo negro al que llegué a W. en mi sueño de iniciación al sendero hace ya varios años). No me apetece pero lo haré, tengo que hacerlo.

* * *

Este último sueño habla de la madurez espiritual, de tomar como soberano a nuestro maestro interior y continuar hacia adelante dejando atrás cualquier rastro de dependencia al gurú. Al final de su viaje el peregrino no encontrará al maestro bajo el árbol… El único maestro está dentro de nosotros, es un recuerdo de luz de Dios en la tierra, la llama de nuestro espíritu.

20 DE SEPTIEMBRE

Una pareja se sumerge en al agua del océano junto a un instructor. Me da un poco de miedo porque creo que no saben bucear. Yo soy también esa pareja. Sin embargo el hombre se coloca la escafandra (un modelo antiguo) y se sumerge en el agua con facilidad siguiendo las instrucciones del guía. La mujer le sigue a dos metros. El agua es de color esmeralda claro

* * *

Ellos, la pareja, soy yo: mi mujer y mi hombre interiores. Juntos componen un nuevo mandala que representa una configuración de la energía psíquica equilibrada en la que los dos se ayudan y cuidan. También soy la que los observa... Es interesante observar que tanto en el sueño en el que bajo al valle con la familia, como en éste, son dos hombres los que toman la iniciativa. En ambos casos son un indicio de un masculino sano en el que el femenino puede confiar y al que puede seguir. De ahí que el matrimonio interior sea ahora una pareja sólida y segura explorando las simas del inconsciente.

OCTUBRE

15 DE OCTUBRE

W. viene a mi fiesta. Celebramos el desentierro del padre de mi primer amor. Su madre está junto a mi lado muy alegre. Los indicios de la llegada de un masculino sano y de la constelación de una próspero mandala continúan. Esta vez su representación no tiene lugar en las aguas del inconsciente sino en la capa más trascendente del "Yo superior".

29 DE OCTUBRE

Mis amigas de la tarika acaban de irse del cortijito después de haber estado quince días ayudándome a plantar los nuevos olivos. Ha sido un trabajo duro pero precioso en mitad de este paisaje de montañas que miran al mar por su lado sur.

* * *

Este es el sueño: hay un encuentro nocturno con W. en una taberna. Miro unas fotografías antiguas (creo que de Eranos) que cuelgan de las paredes. W. dice que se va a quedar con una de ellas porque las personas del retrato son familia suya. Le explico que en ella hay también alguien ruso que es familiar mío. Le doy la foto.

* * *

Siempre he sentido una conexión clara entre Sufismo y Taoísmo representada en mi vida por la llegada del I Ching de Eranos, que me parece natural. Por lo demás, el sueño habla de la naturaleza íntima de la conexión entre discípulo-sendero (y sus maestros).

NOVIEMBRE

17 DE NOVIEMBRE

En el sueño vuelvo de California aunque no recuerdo bien qué he ido a hacer allí. En el camino de vuelta, en mitad de EEUU, veo al maestro y me paro. Va vestido de blanco, está dentro de una piscina transparente. Al llegar junto a él me echa agua por encima de la cabeza, no sé si me está limpiando, bautizando, o las dos cosas.

Dios es la luz de los cielos y de la tierra.
Su luz se parece a una hornacina
en la que hay una lámpara
dentro de una caja de cristal;
el cristal es como una estrella reluciente.
Esta lámpara está encendida
con el aceite de un árbol bendito,
un olivo que no es ni de Oriente ni de Occidente
y cuyo aceite casi puede dar luz
sin que lo toque el fuego.
Es luz sobre luz.

Capítulo 24, verso 35 (QUR'AN 24:35)

* * *

La imagen del maestro en mitad del mapa de Estados Unidos simboliza la integración de los opuestos, el espacio de encuentro entre los puntos cardinales, los dos mares del sufismo. Por otro lado, me he puesto mala con gripe y además se me ha infectado una herida.

DICIEMBRE

16 DE DICIEMBRE

Voy de excursión con un grupo de personas. Llegamos a un lugar en el que recuerdo ya haber estado hace bastante tiempo. Aunque antes era una ruina hoy es un edificio rehabilitado muy hermoso. Dentro de él, en el ático, hay un gran teatro. Subo al escenario y canto. Miro a mi lado y veo a W. sonriéndome. Cierro los ojos porque no me lo creo. Los vuelvo a abrir y ahí sigue, animándome a cantar. Entono tímidamente un aria. La gente se vuelve a escucharme, es un momento mágico y me siento feliz (si siempre me ha dado vergüenza hablar en público lo de cantar ya ni lo cuento, a pesar de que se me da bien y me gusta mucho).

* * *

Parece que por fin estoy "VIVA". El maestro se alegra de que no me esconda.

21 DE DICIEMBRE. SOLSTICIO

Compartía casa con el hombre violento del pasado que a veces se asoma a mis sueños. Aunque era infeliz junto a él siempre le estaba dando nuevas oportunidades a nuestra relación. Sin embargo ahora tengo claro que ya no le daré ninguna más. Comprendo que mi energía ha cambiado y que no tenemos nada en común. Me encierro en el ala norte de la casa donde me siento a salvo y relajada. Al hacerlo me doy cuenta que ya es hora de abrir los pasillos que la comunican con el resto de la casa porque ya no me va a hacer más daño. Me siento liberada. Miro alegremente por la ventana de la fachada trasera. Recuerdo que a pocos metros frente a ella solía haber una pared que de vez en cuando escalaba con cierta dificultad. Ahora hay unos trabajadores del ayuntamiento que están construyendo dos escaleras (como una pirámide invertida) para hacer que la subida sea más fácil. Me alegra saberlo. Observo con detenimiento cómo las construyen. He aprendido a hacerlas y las haré yo misma en donde sea que hagan falta. Me da mucha alegría.

* * *

Estoy emocionada de poder abrir el ala norte de mi escondite al resto de la casa. El encierro ha terminado. Eso significa algo grande y muy profundo dentro de mi mundo psíquico porque esos restos que aún podrían quedar del personaje del abusador ya no tienen el poder de dañarme. Estoy segura de mis recursos y quiero vivir. Hay una nueva frecuencia más alta de la energía, otro nivel al que me es fácil acceder porque sé cómo hacerlo. Todos los recursos están dentro de mí y puedo llevarlos a la vida. Además, a pesar de que mi casa se ha abierto al mundo, en ella no va a entrar cualquiera. Solo verán que su puerta abierta los que vibramos en el mismo amor.

* * *

Otro sueño: tengo que dar una charla de I Ching ante un profesor. Me sale perfecta. He aquí la confirmación de que el catedrático se ha rendido del todo.

22 DE DICIEMBRE

Estoy en un retiro. El maestro es una mujer, una discípula de W. Hay algunas caras conocidas de la tarika. Nos pide que hagamos ciertos ejercicios aunque no participo demasiado, estoy algo perdida. Nos pone a meditar, pero no encuentro sitio en la sala y me voy fuera (creo que es Lanjarón). La maestra me dice que va a contarle a W. cómo vamos. También me insta a que deje de meditar y ¡actúe!. Me reúno de nuevo con el grupo, ahora vamos a hacer un arcoíris. Creo que mi tarea es reflejar la luz sobre el agua, pero me parece que eso ya lo va a hacer alguien y aquí cada uno debe hacer algo distinto. Entonces me pongo a cantar la canción brasileña "Un arcoíris de colores", para lo que pido una guitarra como acompañamiento. Sin embargo, a pesar de que alguien está dispuesto a traérmela, rectifico de nuevo: les comento que lo más me apetece es preparar una tarta arcoíris para que nos la comamos. Al final me doy cuenta que tengo un arcoíris dentro de mi útero que daré a luz y que debo cuidar para que salga sin dificultad ni demora al exterior. Esa es mi tarea. De hecho ahora veo que todas las cosas y seres a mi alrededor tienen adentro su propio arcoíris.

* * *

Me ha costado comprender la naturaleza de mi servicio. Al final no tenemos mucho que hacer realmente, solo cuidar la luz del futuro que ya está dentro de nosotros para que a su tiempo pueda expresarse en el mundo. Somos sus comadronas y nuestra única tarea es facilitar lo que ha de venir. El arcoíris indica que, tras la tormenta, comienzan a verse los primeros pespuntes de la llegada de la luz.

He leído una profecía Hopi que dice que cuando el planeta enfermara, en las puertas de su agonía se alzarían seres de todo el mundo como guerreros del arcoíris para salvarlo. Todos somos ellos, somos esa semilla.

27 DE DICIEMBRE

Estoy en Buenos Aires. He llegado hasta aquí con un grupo de gente, entre ellos mi pareja, que es un profesor de universidad. Ahora estoy sola, es de noche. Me dirijo al Museo de la Memoria. He llegado tarde. Le pregunto al director, que se ha ido a comer, si todavía está abierto. Me comenta enfadado que abrirá más tarde. Decido que no me apetece ir, después de todo el lugar no me interesa demasiado. Voy a encontrarme con mi pareja. Me dice que no quiere seguir conmigo. Lo dejamos. Lo paso fatal, me siento perdida, pienso que lo mejor será volverme a España pero no me apetece volar de vuelta sola, así que me voy a buscar al resto del grupo. Llevo a mi espalda una mochila roja. A lo lejos veo que mis amigos están saltando por un gran acantilado cayendo al mar desde una gran altura. Comprendo que para estar con ellos debo hacer lo mismo pero cuando parece que estoy decidida a saltar me doy cuenta que la altura es más de la que creía y me echo para atrás. Pienso que es una locura total saltar desde ahí. Sin embargo, algo dentro de mí me dice que no es una opción, que tengo que hacerlo: de hecho he venido a Argentina solo para eso y solo haciéndolo podré volver. Decido quedarme en el país preparándome para el salto. Alguien se me acerca y me dice que mi hermana ha muerto. A pesar de la distancia que me separa de ella me dispongo a arreglar su entierro con talante sosegado.

* * *

Argentina… Por fin he llegado. W. me dijo que tenía que irme allá. Cuando esté lista y dé ese alto será memorable, probablemente marcará mi entrada en una nueva cámara del corazón, pero aún no me veo lista. Lo que se me pide es dejar todo atrás: el Museo de la Memoria deja de interesarme, la pareja y mi hermana se van, dos aspectos, masculino y femenino, a los que he estado apegada (lo intelectual –tomado de la rama paterna– y el susto –de la materna–). Y lo hacen porque uno me deja, ya no le intereso (afortunadamente), y porque el otro desaparece (en un lugar distante). La mochila roja habré de dejarla momentos antes de dar el salto. ¿Cuál será la iniciación, la prueba?.

Me he hecho un I Ching sobre el sueño: 58 (open)–28 (great exceding). En mi camino está abrirme más y más a los otros, disfrutar con ellos. Lo hice de joven interpretando a la argentina Evita Perón. Ahora me daría miedo hacerlo (aunque últimamente he vuelto a cantar, al menos en sueños). El hexagrama secundario simboliza el salto por el acantilado, la gran prueba. El agua en calma del primario se me aparece como temible a pesar de que su naturaleza es en verdad mansa, serena, tranquila. La preparación para el salto consiste en comprenderlo. Habré saltado cuando me dé cuenta que simplemente no hay tal abismo que saltar. Significa que aún debo vencer ciertos miedos e inseguridades que tienen que ver con salir del todo de mi refugio y abrirme a los demás.

El eclipse de luna del 10 de enero en Cáncer estará alineado con mi luna. Será el momento de comenzar a dejar estas cargas emocionales, la mochila roja. Urano entra directo en mi signo solar para romper las estructuras obsoletas de Saturno en mi casa 4. Viene algo extraordinario.

AÑO 2020

ENERO

2 DE ENERO

Es de noche. Estoy en la casa de El Cortijuelo (un cortijo hermosísimo que acabo de adquirir cerca de una de las cumbres de Sierra Nevada). Llega a la puerta de la casa una joven vestida de blanco. Le pido que entre y que se tumbe en el suelo, en el centro del salón. Me tumbo junto a ella. Ahora le digo que mire a través del tragaluz del techo por el que pueden verse Las Pléyades. Le insisto en que es importante que las observe cuidadosamente por que son el centro de la galaxia. Mientras estamos mirándolas las estrellas del cúmulo estelar nos saludan moviéndose como si fueran la cola de un caballito de mar.

4 DE ENERO

Imágenes de W. con su maestra yendo al Cortijuelo desde el camino de la acequia. Se detienen en las pozas del río a plantar una hermosa rosaleda.

23 DE ENERO

Estoy en el baño de la casa de mi abuela materna con un profesor de física. Me dice amorosamente que sé física cuántica. Le contesto que no, que no tengo ni idea. Él insiste en que sí. Me lleva ante un oráculo (un hombre semidormido cuya apariencia me produce un gran respeto). El oráculo también me lo afirma, me dice que, en efecto sé física cuántica, a lo que añade que soy "abrasadora". Entonces me doy cuenta de que es verdad que sé física cuántica y que soy abrasadora ("mi mirada enciende la llama del corazón de las personas", esas son las palabras exactas del adivino). Estoy gratamente sorprendida de que este nuevo profesor es la antítesis del catedrático: le gusto tal como soy.

* * *

Ambos, el profesor y el oráculo son dos aspectos positivos de un nuevo yang saludable incapaz de dañar a mi femenino al que admira y quiere cuidar. Juntos representan la integración de un conocimiento que reúne intuición e intelectualidad de una manera armónica dentro de mí. La mujer puede vivir graciosamente, dedicarse a cuidar de la vida (que es lo que siempre debió hacer).

FINALES DE ENERO

Mientras meditaba he visto a un hombre frente a mí. Me ha tocado un punto situado al centro de lado interior de la muñeca derecha. Me ha dicho que por ahí entra mucha información del mundo espiritual y que debo procurar mantenerlo desbloqueado.

FEBRERO

4 DE FEBRERO

En meditación una mujer joven y bella me comenta algo en un idioma extraño. La palabra (algo que empieza con *thelqt*...) tiene una energía o luz plateada.

17 DE FEBRERO. CUMPLEAÑOS DE PAPÁ

Estamos en el pueblo de mi infancia, creo que en la casa que perteneció a uno de sus alcaldes. Es como una fortaleza y es el hogar de mi familia paterna. El dueño es un hombre orgulloso al que le gusta acumular bienes. Una familia (formada por el padre, la madre –creo que soy yo– y tres hijos) planeamos entrar a hurtadillas a esa casa para llevarnos algo que nos pertenece. Ensayamos el plan que llevaremos a cabo esta noche. A pesar de que la casa está vigilada con un sofisticado sistema de seguridad, ha sido fácil entrar sin que nadie se entere. Una vez dentro nos hacemos con lo que hemos ido a recuperar y volvemos a nuestro humilde y apacible piso. Mi familia está sentada entorno a una mesa esperando el botín que he guardado dentro de una maceta de mimbre. No recuerdo exactamente los objetos que saco de ella pero sí que todos eran cotidianos y sencillos: servilletas, algún cubierto, etc... Estamos felices. Celebramos nuestro éxito.

* * *

El sueño me muestra algunos aspectos positivos de mis ancestros paternos a los que no debo renunciar. Si bien hay que dejar atrás el orgullo (de los perdedores de la guerra) hay un talante sencillo y austero en todos ellos que me hace muy feliz, un lado práctico y simple. Lo importante no es hacer grandes cosas sino las de nuestro día a día, las cosas pequeñas, con amor. Mi padre ha sido también un ejemplo de simplicidad, porque a pesar de su complejidad, ha tenido paradójicamente este otro lado muy marcado, la luz de venus en mi carta natal en la casa 4, los placeres cotidianos y domésticos, y ha sido precioso verlo disfrutar con solo un bizcocho. Su amor por estos dulces tan humildes ha sido tal que de pequeño le llamaban "bizcochito".

Hace poco, sabiendo que ya estaba enfermo de muerte, mi padre lloró. Sentía que esta vida no le había ofrecido oportunidades suficientes... yo creo que las oportunidades siempre estuvieron ahí y que su complejidad, que era la de sus ancestros, construyó los muros que le impidió alcanzarlas. Mi amado padre se complicó sin saberlo la vida y la llenó de obstáculos, tal vez ese era su destino. Me legó el trabajo de dar luz todas esas sombras, una herencia que yo acepté. Coger las servilletas usadas y sucias como parte del botín me ayudará a no olvidar nunca que la colada ha sido el centro espiritual de mi sendero (y que lo seguirá siendo). Gracias a ti padre la vida ha sido y será un viaje interesante. Tu sacrificio fue el primer paso hacia la purificación de la energía de los ancestros. Tomé el testigo de tu mano por amor, me iniciaste en tu carrera de obstáculos. Al principio eran invisibles e insalvables, hasta que la gracia del Amado y del sendero me ayudó a vislumbrar su profundidad, la anchura y la luz de su desafío. Desde el fondo del mar pude entonces tomar impulso y plantarme nuevamente en la tierra. Disfrutando de lo simple seguiré mi camino. Sé que te gustará saber que este legado se acaba aquí, en mí. Tuviste buen ojo al ficharme, aún sin saberlo, para el trabajo. Te veo padre, veo tu cuerpo enfermo y puedo abrazarte, abrazar su oscuridad que ha sido la mía, la oscuridad remotísima de la vida no vivida de tantos hombres y de otras tantas mujeres sufridoras. Ahora mis hijos y yo estamos libres gracias a ti. Escucha bien esto: los dos estamos libres gracias a nuestro sacrificio. Tus nietos y sus hijos también lo estarán y para ellos todo será más suave. Ahora tenemos una nueva familia y un nuevo futuro por delante. Gracias, amado padre, ¡qué enorme valor el tuyo!.

22 DE FEBRERO

Sueño: una voz me dice que debo dejar atrás la herencia del padre. Descuelgo el escudo del condado de Monte Real (que heredará la primogénita) de la pared.

25 DE FEBRERO

Le compro a mi padre una fuente de agua pura y cristalina. Mi deber es acompañarlo amorosamente en estos momentos, cuidarlo.

* * *

W. está con unos cuantos de nosotros. Nos cuenta un sueño y nos pide que se lo interpretemos. Parece que su protagonista tuviera algo importante que hacer cuando descubro que, precisamente, es todo lo contrario: debe pararse, esperar, testificar... Me dice que esa es la respuesta correcta. Animada por haberlo entendido y haberme explicado bien intento exponérselo de nuevo, esta vez más refinadamente, pero entonces comienzo a sentir que el ego está entrando en la ecuación, y opto por callarme.

* * *

Buscar la mejor manera de contar las cosas ya es hacer algo y lo que se me está pidiendo en este momento es despojarme de cualquier deseo. Este sueño es una invitación a rendirme a la vida, a lo que está llegando: la muerte de mi padre. Nada puede hacerse, solo testificar la presencia de la energía sagrada de la muerte a nuestro alrededor. Mejor quieta y callada. Comprendo.

MARZO

6 DE MARZO. LANJARÓN

Esta noche hemos dormido en casa Hestia. Mañana tenemos un seminario y el cortijito está ocupado. Por la noche me han despertado tres veces dándome golpecitos en la planta de los pies. He mirado a ver qué tipo de bicho era y todo lo que he visto han sido siete u ocho pequeñas esferas de luz, juguetonas, alrededor. Son elementales. Me duermo sintiéndome protegida por ellos.

* * *

Mi primer amor, mi Yo superior, se me acerca vestido de negro. Me dice que mi padre morirá el viernes. Lloro desconsoladamente.

UN DÍA DE LA SEMANA SIGUIENTE. CÓRDOBA

Me deslizo por la superficie de un océano de aguas cristalinas como si estuviera haciendo esquí acuático, sin barca ni tablas, ni nada bajo mis pies. Recorro una gran distancia. Me estoy divirtiendo mucho.

* * *

Este sueño viene a aliviarme un poco, a cuidarme. Están siendo unas semanas durísimas. Necesito un poco de alegría en mitad de las aguas de la disolución.

20 DE MARZO

Tengo una casa más arriba del cortijito, de hecho está en la cima de la montaña. Subo hasta ella en plena noche. Es preciosa, su puerta es dorada. La abro. Aparece ante mí un espacio enorme lleno de una claridad cegadora. Dentro de él se amontonan unos pocos trastos casi disueltos por el tiempo. Avanzo hasta el final de la sala y llego hasta otra puerta que abro. Bajo unas escaleras. Me encuentro con un ebanista un tanto misterioso que, según me dice, ha vivido allí desde siempre. Comprendo que es un valor añadido de la casa. Me enseña lo que hace: auténticas obras de arte. Salgo hacia la calle. La casa da a una plaza llena de gente, están celebrando algo. Me uno al grupo y me divierto con ellos.

* * *

He contactado con un lugar precioso de mi psique. Antes tuve que limpiar las habitaciones de trastos para poder avanzar al otro ala de la casa, en la que descubro varios detalles nuevos que me sorprenden y agradan. El ebanista, escaleras más abajo, es una cualidad de mi masculino que siempre ha estado allí creando belleza silenciosamente (de nuevo, no hay que alardear con las palabras). La relación con este nuevo espacio me ayuda a comunicarme con otros aspectos psíquicos más colectivos en los que puedo aligerarme un poco... ¡Y es que en estos momentos lo estoy necesitando tanto¡

23 DE MARZO

Me abrazo a W. Hay cierto recelo entre los que nos rodean por mi atrevimiento, pero él me sonríe y entonces todos se calman. El Sheikh me dice que lo estoy haciendo bien, que siga así, aunque me indica que debo hablar con el sindicato para mejorar mis condiciones de trabajo, porque estoy agotada.

* * *

Está siendo más que duro cuidar a mi padre. Está tan malito... Mi hermana y yo hacemos de enfermeras, cocineras, limpiadoras, recaderas, psicólogas, curanderas. A eso hay que sumar nuestro propio dolor e impotencia frente a este proceso imparable, porque se está yendo momento a momento.

25 DE MARZO

Doy un paseo precioso a mis padres en helicóptero. Después de dejarlos en su casa me vuelvo andando. Debo cruzar un puente. Me sorprende que está lleno de gente que lo atraviesa en una tirolina. Me frustro al ver que no comprenden que el paso por ese puente es sagrado y que debería hacerse con una consciencia de santidad que está brillando por su ausencia.

* * *

Como todos los sueños tiene muchas capas. Por un lado debo disciplinar todos los elementos de mi psique y hacerles saber que este puente que estamos a punto de atravesar no es el de un parque temático, sino el paso de la laguna estigia del Caronte, y todos ellos deben adoptar la actitud reverencial requerida. La muerte de mi padre ya se palpa, está aquí, no hay tiempo para nada más que no sea sino testificar la sacralidad de este momento. También quiero destacar el nivel más colectivo del sueño porque lo cierto es que estamos atravesando un pasaje juntos como humanidad que nos conducirá a un nuevo mundo del que lo desconocemos todo. Sin embargo muchos no parecen comprender la profundidad de lo que está ocurriendo y lo que este momento de dificultad significa. En la raíz de esta incertidumbre global se está produciendo una batalla espiritual y la consciencia, que es lo opuesto a la distracción, es nuestra única arma.

26 DE MARZO

Sueño que he ido a San Francisco a ver a W. A la vuelta tomo un ferri. Voy sentada en el exterior del barco envuelta en una manta blanca. Mientras me alejo de la costa americana tengo claro que no debo irme. Comprendo que mi sitio es estar a su lado, así que decido quedarme a vivir allí, junto a él y a mis maestros. No quiero distraerme. Tengo que soltar todo lo que tengo de más sobre mí.

* * *

El sueño me muestra mi fidelidad, que es la de mi maestro interno, al Sheikh y a todos los Maestros de este sendero sufí que ha tomado mi corazón entre sus manos y lo ha hecho girar como un trapo, enterneciéndolo, llevándome a cada giro un poco más cerca de Él.

ABRIL

6 DE ABRIL

Estoy en mi pueblo de la infancia, en la Calle Alta (donde estaban mi colegio y el trabajo de mi padre). Siento que va a pasar algo desastroso... Una bomba estalla destrozándolo todo. Gracias a que me he dado cuenta un segundo antes he podido protegerme en el altozano. Todo a mi alrededor ha quedado destruido.

* * *

La muerte de mi padre está aquí y el mundo interno de mi infancia salta por los aires, desaparece con él.

8 DE ABRIL

Busco una casa nueva donde mudarme con mi familia. Tendrá que tener un cuarto para mi madre. Al final compramos un piso estupendo a una mujer mayor muy elegante, una aristócrata necesitada de dinero. Nos mudamos. La casa es preciosa. Es un ático enorme con mucha luz. Las habitaciones del ala derecha son de gran tamaño, dan a una corrala. Aunque ese lado de la casa es hermosísimo, busco un sitio más privado para mi madre así que vuelvo sobre mis pasos al pasillo central del vestíbulo. Veo una puerta en el ala izquierda que abro, parece un cuarto más bonito para ella, aunque también le veo posibilidades como despacho. Su gran ventana da a la ciudad, que queda abajo de la colina sobre la que se encuentra. De repente veo que aún vive gente ahí, es como una familia de quintillizos con discapacidad a los que parece que la dueña anterior les había dado permiso para continuar en la casa. Les digo amablemente que no pueden estar allí y se van sin objetar. Abro las ventanas para ventilar el cuarto que ahora toma una nueva y fresca energía. Descubro una puerta al fondo, la abro. Da a una ala escondida de la casa, palaciega y maravillosa, sus cuartos son enormes, luminosos, con muebles dorados. También hay varios patios con piscina, fuentes y estanques de aguas cristalinas. Las estancias son contiguas, se disponen una tras otras como vagones de tren. Llaman a la puerta de la calle que queda al fondo de las galerías, la abro: hay mucha gente alegre y feliz esperando poder entrar a la casa. Comprendo que mi trabajo es compartir esta abundancia con ellos.

* * *

Por fin ambos aspectos, sol y luna, padre y madre, casa y calle, privado y público, se integran, se reúnen. Las dos alas de la casa también representan aspectos colectivos o transpersonales: la de la derecha da a una corrala y todo lo que una haga en esos cuartos quedará expuesto al público. El lado izquierdo, en cambio, a pesar de ser un mirador a la ciudad, adquiere cierta privacidad al elevarse sobre la colina. Aunque aún hay algunos restos de la anterior propietaria están algo mermados, de ahí que los inquilinos se vayan sin dar el mínimo problema. Entonces la riqueza interior de la casa se muestra, es maravillosa y abundante así que podrá nutrir e integrar a aquellas partes nuevas que tras la puerta esperan impacientes. El femenino queda ahora al servicio de la vida. El masculino, cuidándole, procurándole un espacio para su descanso. Toda la casa es un enorme mandala.

14 DE ABRIL

Ojalá fuera un sueño, pero no lo es. Mi padre se muere. Está muy inquieto, lo sabe. Habla con los espíritus, con sus sombras, está yéndose y viniéndose, está ensayando su último salto hacia la muerte exponiéndose una y otra vez ante Dios y los suyos. Me ha dicho "van a matar a mi hija Maricruz" dos veces. Lo he calmado, luego ha seguido diciéndome, "he condenado a mi hija Maricruz a muerte". El día anterior me había comentado que los dos estábamos en un juicio. Lo calmé de nuevo, le dije la verdad de lo que yo sabía sobre eso: que yo tomé ese cargo porque quise, porque estaba, aún sin saberlo, preparada, porque vine a esta vida para tomarlo. Vine a purgar, a purificar a los ancestros. Le dije que el trabajo estaba hecho y que podía irse tranquilo. Me miró sonriente (jamás olvidaré esa sonrisa). Le di las gracias por haberme confiado el trabajo. Le dije que lo quería con locura y que por mi parte todo estaba en paz. También que había sido el mejor padre del mundo. Lo besé. Fue la última conversación que tuvimos. Su amor... era ese amor que movía el sol y el resto de las estrellas.

MAYO

1 DE MAYO

He tenido un fenómeno energético por todo mi cuerpo: vibraba y vibraba

3 DE MAYO. CUMPLEAÑOS

Primer cumpleaños sin padre. Mi hijo ha soñado que papá ha venido a casa y se ha bajado con mamá del coche. Nos abrazaba a todos y estaba feliz de estar con nosotros. Era muy vívido, andaba bien y estaba guapo y sano ¡qué alegría!.

* * *

Ayer le pedí a mi padre que se pasara un rato por aquí de la forma en la que mejor le viniera. Llegó a través de su nieto más joven (al que amaba con locura), otro soñador (con la estampa del sendero grabada en su corazón... ¿la vivirá?). Hoy, cuando bajó mi madre sola del coche, nuestro perro Nevado se fue directo al asiento del copiloto donde se solía sentarse él, y a la vista de todos pareció saludarlo moviendo alegremente su rabito, como si allí estuviera.

8 DE MAYO

Mientras paseaba por el campo he sentido con claridad que esta existencia es un sueño. Este yo, los demás, ayer, hoy, mañana, aquí, allí ¡todo!. Solo lo que experimentamos a través del cuerpo, justo en este momento y en este lugar, es lo único que existe. Lo demás es un cuento.

16 DE MAYO

He viajado en un sueño lúcido hasta mi padre. Está en la cama de un hospital espiritual curándose. Está optimista con la cura pero algo molesto porque no quiere que nadie le distraiga. Necesita toda su energía para él, aún le queda trabajo que hacer.

JUNIO

9 DE JUNIO

Sueño de nuevo con mi padre. Aún sigue en el hospital, pero ya no está en la cama. Va por el pasillo en una silla de ruedas que lleva mi madre. Lloro al verlo. Le digo que le amo, que le quiero. Me responde lo mismo.

10 DE JUNIO

Hará unos días tuve una consulta de I Ching en la que usé los tallos de aquilea por mi usuario, quien no los tenía a mano. No tenía claro si este era o no un uso "seguro" del oráculo. Su respuesta fue "no busques medicina externa". Como la respuesta aparentemente no tenía sentido en el contexto en el que debía leerla, el de mi cliente, intuí que tal vez iba para mí.

Al día siguiente me despierto con un dolor terrible en la espalda, en las dorsales. No me puedo mover. Llevaba dos noches soñando que mi cuerpo no estaba bien y no le hice caso. Me he tirado varias semanas delante del ordenador terminando la tesis doctoral sin respetar sus señales. De nuevo el catedrático al mando, y como siempre, los resultados son desastrosos. Además últimamente me ha vuelto a venir un vago sentimiento de impotencia, lo que ocurre cada vez que le permito tomar cierto control, y claro, la espalda se ha bloqueado. El día anterior tuve un zoom con unos amigos de la tarika. Les conté cómo me encontraba, el dolor que sentía. Les leí el poema que el maestro me pasó hace tiempo por email. Una estrofa dice: "sigue escondiéndote y te convertirá en una pared". Me tocó profundamente, esa era mi espalda, un muro. Algo genuino se despertó dentro de mí.

* * *

Esta noche he soñado que mi amiga de la tarika y yo estábamos de retiro con W. Luego nos íbamos a dormir a nuestro cuarto. Entonces llega el Sheikh y se mete en nuestra cama. Ella está entre medias de nosotros dos. W. me enseña un palo, una rama de un árbol con la forma de una columna vertebral. La pinta de blanco. Ahora me pide que lo coloree de arriba abajo con unos puntitos de color dorado. Mientras lo hago comprendo que son pequeños nodos de mi sistema energético que estoy activando. Una vez dibujados avivan todo el palo hasta entonces inerte, dándole un aspecto de animal mitológico.

* * *

Ha tenido lugar una sanación. El proceso de estos días ha sido el antes y el después de un bloqueo de la kundalini que esta noche se ha desanudado. Hay que trabajar ese palo en bruto, la espalda paralizada (mis miedos más antiguos), primero pintándolo de blanco, un color que simboliza la integración del espíritu (representado por el color dorado) en el cuerpo. Así se reaviva lo inerte, así es como damos vida, como animamos a toda la creación. No podemos tomar de forma separada el cuerpo del espíritu, la tierra del cielo, que es lo que nos alimenta. La figura de mi amiga entre el maestro y yo muestra que gracias a la conversación de ayer ella me ayudó a reconectar con W. ¡Gracias!. Últimamente, con todo lo pasado, la conexión estaba debilitada.

JULIO

18 DE JULIO

Es de noche. Me escapo del complejo en el que estoy. Voy con un albornoz y unas zapatillas blancas. Me doy cuenta que es una de las residencias de W. Voy hasta un puesto de policía cercano para pedir socorro. Les cuento que he huido de ese lugar aunque no parecen entender de qué les hablo. Mi hermana llama al telefonillo del puesto de seguridad en el que estoy. Sé que podrá ayudarme.

* * *

Comprendo que el sueño me impele a ser mi propio maestro aunque sienta que no estoy lista. Eso fue lo que nos contó W. antes de irse, la palabras que el Buda le dijo a su discípulo Ananda antes de desaparecer: sé tu propio maestro. El maestro interno es lo que queda, de hecho es todo lo que hay, lo que siempre hubo y habrá (porque el maestro interno siempre apuntaba al externo).

Un aspecto de mi femenino (normalmente simbolizado por mi hermana) está atravesando una transformación. A raíz de la muerte de mi padre se está liberando de una parte del susto tomado de la madre, lo que me hace creer que puede ayudarme en este proceso de tener que separarme de lo que ya no puede seguir con una.

24 DE JULIO

W. se presenta por sorpresa en una reunión de un grupo de la tarika en la que estamos unos pocos. Se sienta entre las butacas con nosotros. Estoy sentada en una fila por debajo de la suya. Me doy la media vuelta para dirigirme a él. Cuando voy a hablarle su rostro toma un talante serio, aunque le cambia de forma radical cuando le digo "ya no me da miedo hablarte". Entonces me sonríe y me dice "¡ah, qué bien!, me alegro mucho". En el descanso, una pareja de amigos de la tarika (que representan para mí el mandala de la devoción por el maestro) me dejan una serie de monedas para comer, puesto que me he ido hasta allí sin nada. W. me busca, quiere hablar conmigo, nos sentamos y comemos juntos, lo siento muy cercano. Le cuento que mi hermana está despertando, se alegra de saberlo. Luego le explico que he comprado El Cortijuelo para hacer un centro de silencio y de simplicidad. Mientras se lo explico veo que las aguas del río que atraviesa el Cortijuelo son doradas: se deslizan por el cauce empedrado como hilos de oro.

* * *

Al fin la proyección sobre el maestro se ha venido abajo. La autoridad emerge de mi centro. El sueño de la semana pasada es clave para comprenderlo. En él le digo que mi hermana (un aspecto del miedo de la niña tomado de la madre como reacción a la censura que el académico ejercía sobre mi femenino) se ha disuelto y W. lo celebra. De hecho, nada más verlo le digo "ya no tengo miedo a hablarte". Así que la proyección saturnina sobre él ha desaparecido. No obstante el trabajo no es solo disolverla (que es de lo que va el sueño anterior a este) sino, y esto es lo más importante, llevar la luz que se escondía tras su velo a la vida concreta. En este caso consiste no solo en no tener miedo a hablarle sino en hacérselo saber expresamente. Entonces se completa el trabajo y el maestro puede sonreír porque él mismo queda liberado.

Volviendo al susto: estoy trabajándolo. Mi hija pasará por el quirófano. Tal vez mi miedo haya actuado sobre ella bloqueando su energía femenina. De leona ha pasado a ser presa y ahora tengo que revertir todo eso. De ahí que estoy viajando hasta mis miedos lactados, se trata de ponerlos en su sitio de una vez. Pero este "susto" no habla solo de mí, ni de nosotras dos, sino de la intimidación que todas y todos hemos sufrido ejercida por una autoridad patriarcal que ha juzgado, encerrado, debilitado, y nos ha enajenado de la sabiduría del femenino que habita en nuestros cuerpos. El castigo para las mujeres es mayor porque nuestro vientre es el caldero sagrado en el que nos preñamos y traemos una nueva vida a este planeta. En su oscuridad primitiva canalizamos el alma de un ser vivo dentro de nosotras y lo cuidamos con amor hasta entregárselo al mundo.

Mis padres, a pesar de lo que siempre me amaron, solían hacer su propia interpretación de mi intuición llamándome "cocohueco". De ahí que con el tiempo mis propias visiones acabaron resultándome sospechosas e inútiles. Hoy, sin embargo sé, gracias al dolor, que mis penalidades y dramas solo eran humo: proyecciones estampadas, (particularmente) sobre los hombres de mi vida, de ese prejuicio que aprendí a tener sobre mí misma. Y ya que venimos a este mundo denso a crearlo es bueno darse cuenta de estas cosas, mejor aún, es transcendental, porque ser espiritual no va de comprender profundamente lo que somos sino de llevar esas cualidades genuinas a la vida y al hacerlo transformarla. Es vital que los seres humanos, y en especial las mujeres, llevemos el conocimiento de la sabiduría que nuestros cuerpos atesoran, a la humanidad y a la tierra. Así que, después de todo, se trata de decirle alegremente al maestro "ya no tengo miedo a hablarte" porque verbalizar es un acto sagrado que trae a este mundo Su belleza, equilibrio y justicia… Su recuerdo. Entonces las aguas del río de la vida son doradas y curan.

AGOSTO

1 DE AGOSTO

Estoy de retiro con la tarika. Somos un grupo de mujeres. Voy a ver a W. a solas pero cuando llego veo que quien me espera es una mujer japonesa que reconozco como una maestra *geisha*. Comprendo que el Sheikh la ha puesto allí. Me pide que me siente a meditar con ella en postura zen. Insiste en que la postura no debe ser rígida: habla de cómo la delicadeza de la figura emana del interior: se sostiene sobre una atención grácil en cada miembro de nuestro cuerpo.

* * *

La *geisha* es un aspecto de la sabiduría del femenino sagrado. Me muestra lo divino de las cualidades yin representado en lo suave, a lo que se accede poniendo una atención sostenida en cada movimiento.

5 DE AGOSTO

Construyo una casa de piedra con mis manos. Entiendo que es el edificio de mi alma, antigua y sencilla.

SEGUNDA SEMANA DE AGOSTO. BOLONIA, CÁDIZ

Sueño que una profesora que va por la calle me dice que he querido violarla. Le digo que no, que si acaso agredirle.

* * *

Comprendo que hay aún una parte activa de mi catedrático que sería capaz de violar, de agredir a mi femenino, a la profesora, que es un aspecto de este último gentil dispuesto a ponerse en servicio a los demás. En el sueño el masculino se disfraza de mujer... Este episodio me lleva a reflexionar que decir siempre "sí" a todo el mundo de forma indiscriminada al final me hace daño porque lo cierto es que esa actitud no me ayuda a parar, a descansar, y hay una gran diferencia entre el servicio y la inmolación (que es un abuso). Debo tener cuidado con eso. Decir "sí" una y otra vez me incita a entrar en una actividad frenética, que al fin y al cabo es una cualidad de la energía yang.

Lo cierto es que un femenino sano, versado en las cualidades del cuidado, nunca se destrozaría a sí mismo. Tengo que estar atenta. En el sueño, este aspecto masculino mío del no parar se hace pasar por una mujer para no ser descubierto, de ahí que le diga a la maestra que ¡solo quiere agredirla! (intentando con ello dejar atrás cualquier sospecha de su verdadero su género e identidad). La moraleja está en entender sin equívocos que ejercer un cuidado amoroso de los que me rodean es correcto, pero cuidar compulsivamente, hasta la extenuación, es abusar de mí misma. El femenino tiene una cualidad de espera, escucha y suavidad que todos debemos honrar.

20 DE AGOSTO

Imagen en una meditación: Soy una profesora de universidad dando clases. Mi puño, que es enorme, la machaca.

* * *

He recordado que esta imagen, casi inconsciente, no es la primera vez que me viene, de hecho es recurrente. Sin embargo es la primera que he sido consciente de ella, que la he visto y la he analizado. Esto se acaba aquí, este machaque, encima tan descarado, se acabó. Le ha salido una buena competidora al catedrático (y ya no puede hacer nada sin le pillen).

SEPTIEMBRE

9 DE SEPTIEMBRE

Voy a cuidar a una familia extensa de gitanos a cuya casa llevo yendo como voluntaria desde hace muchos años. Son un matrimonio con muchos hijos, también vive con ellos un hermano del padre. Los chiquillos son preciosos, se ha creado un vínculo afectivo fuerte entre nosotros y soy como una más del grupo. Me entero que el tío no es tan rudo como aparenta ser sino una persona culta, sabia, con don de gentes, buena conversación, buenas relaciones y una sana capacidad de decisión. Resulta que ha sido elegido primer ministro... Me pide que sea su mano derecha. Me quedo aturdida pero acepto. Comprendo que a partir de ahora mi vida va a mejorar increíblemente, dará un salto cualitativo. Me dice que lo que le llevó a decidirse por mí es que me conoce bien de todos estos años y sabe de mi bondad, generosidad, de mi buen afán por el cuidado de otros. Pienso que el doctorado ha servido al fin para algo y así me lo hace saber.

* * *

El sitio del catedrático desterrado ha sido tomado por este masculino que me parecía (le parecía al académico) un desastre. Sin embargo este hombre es sencillo a la par que sabio, austero a la par que poderoso. Se reúne con un femenino afín, cariñoso, de servicio. Ambos componen un nuevo mandala de integración que me abre a una experiencia más amplia. Hay un significado colectivo en este sueño que muestra que los seres humanos evolucionamos para ofrecernos en servicio, porque todo lo que nos da el sendero (que no es sino el vivir nuestra propia la vida) no solo nos pertenece a cada uno de nosotros sino al salto colectivo de la humanidad y del planeta. De ahí que de cuidar a una familia particular pase en el sueño a tener la responsabilidad de atender a la gran familia humana. El femenino ayuda así a progresar a un masculino con vocación social. El masculino, a su vez, se lo reconoce y le da un lugar apropiado para que la vida, gracias a su cuidado, prospere, continúe.

OCTUBRE

10 DE OCTUBRE

Formo parte de un grupo de personas que hemos recibido mucho dinero. Después de repartirnos a cada uno lo nuestro alguien me pregunta por un joven del grupo, que según la descripción, me parece que lo conozco de la tarika. Ahora estoy donando mi dinero. Hay mucha gente que se siente ayudada y feliz. Son personas que pertenecen a otros tiempos y vidas. Recuerdo que una mujer llega y me lo agradece. Comprendo todo el amor que hay en un acto generoso y en uno de agradecimiento: los dos limpian aspectos heridos de nuestra alma

* * *

Tras la reunión del nuevo mandala, hay muchas partes de mi mundo psíquico que han recibido mucha y buena energía. Donarles el dinero implica reconocerlas amorosamente y nutrirlas. Siento que todas ellas son huellas akásicas que pertenecen a otras vidas. La meditación de hoy las ha despertado: al perdonar las injurias de muchas de mis vidas anteriores he podido sanar algunas heridas del pasado que aún estaban presentes en mi alma. En la meditación ha llegado también una imagen de mi nombre escrito con luz sobre el friso de la puerta de un templo. Es un símbolo dorado parecido al del infinito (aunque sutilmente diferente). Viene algún regalo, sé para qué y por qué.

FINALES DE OCTUBRE

He visto a mi padre en la entrada de la casa de mi niñez. Era mucho más joven de lo que soy yo misma ahora. Estaba con alguien, ¿un guía?. Ese hombre tiene rasgos parecidos a los de nuestra familia paterna. Mi padre está recién casado y trabaja en el centro de salud del pueblo. Le he dado un abrazo emocionada y llorando le he dicho que le quiero. Se ha asustado muchísimo. Me doy cuenta que es todo un jovencito en comparación conmigo. Está en una línea de tiempo distinta en la que él ni siquiera ha sido padre todavía. Comprendo su reacción y lo dejo tranquilo. Me voy.

NOVIEMBRE

8 DE NOVIEMBRE

Hay unas jornadas Sufís en un pueblo. Voy a ver a W., que viste de blanco y está sentado en el suelo en postura de medio loto apoyado contra una pared. Me siento junto a él, hablamos, nuestra comunicación es fluida. La gente es nueva, hay buena sintonía. Al día siguiente vamos a dar un paseo juntos. Nos sentamos en una mesa de *picnic* en el campo. Me ofrece para comer una granada que tiene una pinta estupenda, aunque me dice que aún no están maduras del todo. Me comenta que a su mujer y a él le encantan, le replico que a mí también. Mientras las comemos hablamos (entre español e inglés). Lo cierto es que las granadas están en su punto, maduras y riquísimas. Al día siguiente vuelvo al hotel del pueblo por si aún está hospedado. Después de buscarle por todo el edificio y no encontrarle le pregunto al dueño si sabe algo de su paradero. Me dice que está en el hospital, parece que se encuentra algo cansado. Voy a visitarlo. Le llevo a él y a su mujer unas granadas del árbol del jardín de mi casa. Las aceptan contentos.

* * *

La sintonía entre nosotros es clara. Además, él viaja junto a su mujer, componiendo entre ambos, de nuevo, una representación del mandala yin-yang, que esta vez apunta a una dimensión más espiritual e interna de mi psique. La granada es el símbolo de la integración, y aunque es demasiado pronto para que haya madurado del todo, lo cierto es que si uno la prueba está ya en su punto. Femenino y masculino van de la mano. El masculino viene de hacer un esfuerzo extra y ahora es momento de que descanse.

11 DE NOVIEMBRE

Formo parte de un comando del ejército de los mundos internos que lucha contra los soldados de las fuerzas de la oscuridad. Nuestras armas disparan luz. Para ponernos a salvo nos escondemos entre las personas de la calle que están congeladas, dormidas. Los imitamos para que no nos detecten. La guerra es agotadora, al final siempre tenemos que huir de un sitio a otro.

* * *

Atravesamos tiempos en los que ser diferente, o tal vez simplemente crítico, puede costarte a uno la vida.

15 DE NOVIEMBRE

Tengo una mascota en casa. Es una elefantita preciosa. Siento que tiene el espíritu de mi perra Dakota, es muy alegre y está llena de energía. La llamo y viene, me sigue a todas partes, estamos muy unidas.

* * *

En el pensamiento hindú el elefante es Ganesha, el dios de la suerte, fortuna, protección y es una bendición sobre todos los nuevos proyectos... Es el amuleto de esta nueva etapa.

20 DE NOVIEMBRE

Vivo sola. Guardo en mi casa mi primer traje de gitana, azul y amarillo, que me compró mi madre de pequeña, al que doy mucho valor emocional porque es lo único que me queda de ella. Recuerdo vívidamente la alegría que sentí cuando mi madre me dijo "hoy te toca a ti", refiriéndose a que hoy íbamos a Córdoba a tomarme las medidas para hacérmelo (antes lo había hecho con cada una de mis dos hermanas). El sueño me cuenta que mi vida ha sido desde entonces un "guardar el traje de gitana". Vivo confinada (algo que he descubierto este año de confinamiento, por cierto), no salgo, no me relaciono con mucha gente porque debo guardar el traje a buen recaudo. Solo viene una mujer a ayudarme a limpiar de vez en cuando. Un día de los que está en casa se lo lleva porque va a casarse y no tiene traje que ponerse. Se lo arregla a su medida dejándolo mucho más sencillo. Cuando descubro lo que ha pasado me enojo muchísimo y se lo cuento a todos sus amigos y amigas, que son muchos porque ella es una persona popular. Los amigos me dicen que esta mujer es muy buena y que debería hablarlo y resolverlo con ella. Me comentan que está sufriendo mucho por todo lo que voy contando por ahí. Alguien o algo me dice que debo limpiar una botella de agua. Puedo sentir cómo será todo cuando lo haga (veo un futuro pacífico y maravilloso). Me doy cuenta que el agua es mi corazón, sus emociones puras de amor y concordia.

* * *

Las dos mujeres soy yo. La solitaria es una mujer que se aísla y se siente sola, a pesar de que esa actitud le haya jugado en contra porque en el fondo la ha hecho pobre en amor con tal de mantener a salvo lo único que aún le queda de su madre. La limpiadora, muy querida por todos, es indigna a sus ojos por haberle robado el vestido para un día de celebración social y de unión con un hombre, como es el de su boda. Sin embargo, para que el traje sirva a la vida, esta última (que representa a un femenino capaz de purificar los restos psíquicos que aún quedan de la madre internalizada) necesita simplificarlo, pues solo así le valdrá para la ceremonia. Ambas mujeres no se relacionan entre sí, se ven como opuestas, no hay comunicación entre ellas aunque todo se solucionará cuando la primera limpie la botella, que es el contenedor de Su gracia. Quizá sea esta la prosperidad que llega a lomos del elefante: la del entendimiento entre ellas bajo la luz de que ambas son la misma mujer. Así llegará la paz a lo que antes fueron los campos de batalla del femenino.

Este sueño me recuerda a aquel de hace años en los que dos mujeres, ambas bajo el nombre de Cruz, viajaban en un autobús sin conocerse. Parte del trayecto de estos años ha consistido en crear un espacio vacío (dejando atrás el equipaje –las voces del padre–) para que ambas pudieran reconocerse. El trabajo ahora es el de salir del aislamiento (las voces de la madre) hasta la arena social donde está el verdadero servicio.

21 DE NOVIEMBRE

Me duermo en la cama de matrimonio de mis padres que está en la casa del pueblo. Me he despertado dentro de un sueño lúcido sobre uno de los sillones del tresillo verde del comedor. Estoy en un cuarto aledaño a un aeropuerto, es de noche, salen continuamente aviones que más bien parecen cohetes porque despegan en vertical. Conmigo están mi madre y mis dos hijos durmiendo. Mi padre acaba de llegar (vestido de verde con su chaqueta y pantalón de pana). Me ha cogido la mano derecha amorosamente. Me ha sonreído, me ha dicho "hija, he venido a verte un ratito. Te echo de menos". Yo le he dicho "yo también". Luego le he preguntado "¿estás bien?". Me ha dicho que sí. Lo he sentido, estaba bien. Iba a hacerle más preguntas pero alguien que le acompaña se lo ha llevado. Vuelve a sonreírme antes de irse. Reconozco a ese alguien como la misma persona que iba junto a él en la experiencia que tuve hará unas semanas.

* * *

Mi hermana me ha llamado para contarme que ayer ella tuvo también una experiencia con nuestro padre. Igual que la mía fue un sueño lúcido al que llegó desde la cama de matrimonio de mis padres de la casa del pueblo. También vio que mi padre iba con alguien. Me ha descrito alguno de sus rasgos y son similares a los de la persona que yo vi. Ella tiene como yo la sensación de que es un ancestro de nuestra familia paterna. Estamos contentas de saber que está bien.

27 DE NOVIEMBRE

En el sueño tomo un trabajo en la prisión con un buen sueldo. No me apetece nada pero me da seguridad.

* * *

Ayer, mientras andaba por el campo comprendí del todo, gracias a este sueño, ciertos patrones de mi comportamiento muy arraigados, me refiero a los del escondite o el encierro. El confinamiento global de este año me ha servido para comprender que, efectivamente yo ya vivía confinada, y que ese vivir tras el cristal no tiene nada que ver con lo que de verdad soy. Por eso, si sigo escondiéndome "me convertiré en una pared", me apartaré del amor.

Como acabo de comentar, al comenzar a pasar este diario me encontré con dos de las "cruces" que siempre han estado dentro de mí. La una era la que se había sentido juzgada inconscientemente por un padre interno autoritario que rechaza la intuición de la hija, y al hacerlo, de alguna manera, invadía su cuerpo. Para contrarrestarlo ella ingenió todo un sistema de gratificación externo, que unido al "susto" mamado de la madre funcionó aislándola, haciendo que apenas saliera a la calle para evitar el pánico de ser juzgada de mala manera por otros. Ha estado tan hecha a esa forma de vivir que no ha querido o no ha sabido cómo dejar morir a esos padres internos. La otra "cruz", sin embargo, no tenía apellidos y desde ese ligereza buscaba la libertad incansablemente. No le causaba problemas tener que dejar algo atrás porque sencillamente no llevaba nada sobre ella (ni siquiera un sencillo traje de gitana que solo tomó prestado por un tiempo). Pues bien, esas dos soy yo a partir de ahora: es lo que elijo ser, opto por estar viva en todo momento. Doy las gracias a mis ancestros que ahora brillan conmigo. Con cincuenta y dos años he renacido, este año ha sido el de mi muerte y mi renacimiento. Soy un águila solar y estoy lista para emprender el vuelo, para abrirme a los brazos de la gran familia humana que somos todos los que compartimos este planeta.

Hago repaso de los numerosos contactos significativos que he tenido con las águilas a lo largo de mi vida. Las solos he visto. egativos, rsguardados en un falso sentido de la seguridad, la ha soltado...os. Puede dejar, y de hecho, estnte signé en un sueño en el que aprendía el arte de la cetrería para enviar mensajes desde la montaña al valle. Poco tiempo después una pareja de águilas comenzó a venir de vez en cuando al cortijito... cuando pensaba en ellas simplemente aparecían, y así desde entonces hasta ahora. También recuerdo una excursión y un momento de descanso sobre la roca. Fue apenas escuchar un zumbido tras de mí cuando un águila real voló a un pie de mi cabeza llevándose un pechón de pelo entre sus garras. La última historia que me viene fue en de nuevo en el cortijito, junto a unas amigas de la tarika. Un grupo de unas treinta águilas se acercaron a saludarnos. Sobrevolaron alrededor nuestro durante algunos minutos y luego se marcharon. Fue impresionante. Creo que alguien dijo que llaman a eso "la conferencia de las águilas" o algo parecido.

Ayer en el campo comprendí que a pesar de ser un águila he preferido vivir en el corral como gallina. ¡Qué distracción la de mi confortabilidad!. Como en la historia popular, hoy ha llegado un biólogo (un experto en la vida) a la granja y ha reconocido al águila entre las aves ponedoras. Se la llevado al bosque profundo y al amanecer la ha soltado... Con el primer rayo de sol el ave ha volado hacia el fondo del horizonte y ha desaparecido. A pesar de todo el águila siempre será un águila. He visto todos esos patrones negativos resguardados en un falso sentido de la seguridad. La luz del sol ha salido sobre ellos y ya puedo integrarlos, como plumas, para que me ayuden a volar más alto. Porque solo podemos avanzar sabiendo lo que somos y eligiendo lo que no queremos ser. A estas alturas de la película he comprendido que para poder seguir mirando la vida sentada tras la ventana, en vez de vivirla, hice todo tipo de cosas. Me busqué una vida que otros vivieran por mí y a ese criterio respondieron casi todas las decisiones importantes que tomé en el pasado... Si las observo desde la nueva perspectiva solar iban dirigidas a mantenerme retenida tras la ventana, a dejarme como águila dentro del gallinero. Hoy estoy lista para que el águila azul eche a volar y ¡que su espíritu me guie!. El hombre y la mujer que viven dentro de mí se liberaron, se encontraron y libres se amaron. La nueva autoridad es interna, neutra, la gratificación también. Soy mi propio padre y madre, mi propia familia. Mi cuerpo es sagrado. El conflicto libertad-confinamiento que tanto me ha dolido se ha disuelto. El cerebro izquierdo ha liberado mucha energía en la meditación: hasta la gata que dormía se ha despertado. Ese es el verdadero descubrimiento: la mujer águila azul acaba de nacer y la gata lo sabe.

Cuando uno se despierta de las creencias limitantes que hizo suyas, incluye aquí a todos los distintos sistemas que, como capas de cebolla, han compuesto hasta ahora su sentido ilusorio de la identidad. De ahí que uno descubre también las mentiras o tretas del sistema social, entre otras... Me vienen las palabras del hombre durmiente "sobrevivirás al 2012", es decir al 2019, siete años después, que es cuando los mundos comenzaron a desmantelarse uno tras otro. He llegado despierta a este año y eso me ha dado la energía y la consciencia necesarias para sobrevivir en medio de este caos.

28 DE NOVIEMBRE

¿Quién soy?, ¿cuál es el camino de mi alma en esta vida?. El hexagrama primario es el 51, el

Temblor, con una línea mutante, la cinco, que lleva al hexagrama secundario 17, el Seguimiento.

El temblor trae éxito
Llega el temblor, sonrisa
No deja caer el cucharón sacrificial

Cuando una aprende interiormente lo que significa el temblor, la sacudida, queda a salvo de las conmociones que puedan causar influencias externas. Se permanece llena de calma y veneración. Gravedad profunda la de los guías de los hombres. El soberano cuida a lo más sagrado. El miedo ha conducido a la felicidad (a través de la introspección). Cuando todos están atemorizados, él no lo estará. Movimiento de avance que conduce al éxito, entregado a sus asuntos importantes. Adorador sincero del servicio divino que se le ha encomendado.

Línea 5. Logra el éxito estando en el centro. Se está en el lugar correcto. Hay conmoción pero la fuerza interior y la fe pueden más. Dios no lo abandona. Tomará la conmoción como algo natural y necesario. Gracias a esto crecerá para guiar a la gente. Se está flexible y sereno.

El seguimiento logra un éxito sublime. Se sigue la voluntad del cielo. Es seguido por otros. Firme decisión y alegría serena para avanzar en conformidad con el sentido del movimiento. Él aprueba la conducta del consultante. Estar atraído por avanzar. Conexión, seguimiento y descanso.

* * *

La vida es una continua conversación con Amado. ¡Ponme en mi lugar más alto Padre, por el bien mío, de la humanidad y de la Tierra!.

DICIEMBRE

11 DE DICIEMBRE

He completado el significado de la consulta de I Ching. Estos días estaba trabajando mi plutón en tránsito en oposición a la luna, un miedo bronco, sin nombre. Siempre he estado esperando a que algo malo les sucediera a los que amo y cuido, a aquellos quienes son el principal resorte de mi seguridad emocional… La muerte de mi padre, la caída casi mortal de mi compañero, la intervención de mi hija, la lesión de mi hijo, el diagnóstico de mi perra. Y entonces… lo he visto, ¡lo tengo!. Todo encaja. Aún sostengo el cucharón sacramental en mi mano.

¡Acabará este temblor del que me he alimentado tanto tiempo!. Mi padre era pesimista, trágico hasta la expiración. Mi madre una niña asustada, llena de miedo. Los dos… ¡pobrecitos!, dos hijos de la guerra, de la desgracia, me alimentaron de su leche. La vida se me mostró como algo que temer: cualquier día llamaría a mi puerta la señora tragedia, igual que le ocurrió a Gregorio Samsa. La tela de araña donde el escarabajo-gato se han encontrado mortalmente tenía que haber desaparecido hace años.

Hoy he limpiado esa esquina del cuarto. Porque... ¿quién soy? Sí, efectivamente soy el temblor, todos somos eso, la amenaza continua sobre los hombros, esa angustia. Esa he sido yo hasta ahora. Pero la he visto, he visto su casposo *show*, cómo se ha interpuesto entre mi vida y yo, entre Él y yo, y eso no es poco, es mucho, se trata de todo mi cuerpo atravesado por su engaño.

Sé lo que digo. He pasado mi vida encerrada tras la ventana de un cuarto que no era el mío. Aislada, he mirado la vida sin vivirla, me la he complicado convirtiéndola en una fantasía dolorosa, una ilusión tras el cristal con la que solía distraerme para esconderme de esta vida omitida, para compensarla, pero el mapa no es nunca la realidad. Y ahora sé lo que sé: todo es justo, brillante, profundísimo, somos la raíz viva del Amado. Lo sé, lo he visto, lo he vivido. Llevo el cucharón sacramental en mi mano. La vida se ha tornado serena, calmada, alegre, grata. Esos somos, el amor, ese al que final siempre llega a pesar de que una y otra vez lo arrojamos de nuestras vidas.

He aprendido a escuchar a mi alma ¡qué sorpresa!, ella quiere y busca la calma, el descanso, el silencio... añora la serenidad del seguimiento. Su canto de sirena me atrapa cada vez más, su llamada es sutil a la vez que firme. He dejado los temblores, ando grácil por la calle, relajada, siguiendo las direcciones de la brújula del amor situada en el pecho. La cruz se ha transformado, al fin, de latina a griega. Jesús está en el centro de los signos cardinales, como el sol en la galaxia. Empiezo a reconocer a mi ritmo que el silencio es canción de mi agrado. Encuentro el sentido a que mi sendero debía ser, y es, uno de silencio, por eso me reclutaron los Nasqabandish, no era ningún un patito feo. ¡Qué dulzura la del silencio!.

El silencio, que es la habitación para intimar con el Amado.

La vida es otra,
es limpia,
arrobada entre las alas del alma.
Gracias a ti temblor
la vida es serena.

14 DE DICIEMBRE. ECLIPSE

En la meditación de hoy he hurgado con las uñas bajo la tierra.

Este despertar afecta a mi día a día. Me refiero a lo que me ha supuesto descubrir cómo esas creencias arraigadas del miedo y la evasión reactiva acabaron incrustadas en cada una de mis células. Individuarnos, ser, ¡*Kun*!, ese es el imperativo divino (Dios es el que es). Significa vivir plenamente desde el silencio que somos. Aún hay cosas que hacer por aquí porque este ¡*Kun*! nos impele a cambiar de un estilo de vida reactivo a otro contemplativo, a observarnos en la forma en la que el gato hace lo propio con el ratón, a abrirnos a un momento infinito en el que cualquier distracción desaparece. Este es el cambio de consciencia que cada uno de nosotros habremos de vivir y llevar consecuentemente al mundo. Al hacerlo lograremos construir entre todos uno nuevo más equilibrado y saludable.

Ese es el trabajo, también para mí, de aquí en adelante. Este eclipse se llevará todo lo que no soy. Me doy cuenta del significado profundo de aquello de que mis palabras eran ego porque todo lo que no es *faná* es ilusorio, así que solo *faná* es la Realidad (con mayúscula) de lo que somos. El silencio de hoy es una verdad viva que reconozco como la herramienta más poderosa sobre el mundo. A cada respiración, pisada, palabra, ¡somos!, llega la luz y con su llegada se produce la visión. Así damos consciencia a cada gesto nuestro, a cada conversación, y al hacerlo vamos liberando a cada célula de la huella de la creencia que le pusimos encima, sin saberlo. Este trabajo ha empezado con el eclipse. Son seis largos meses los que aún tengo por delante para materializar su luz en el mundo.

El tejado para echar a volar, la distracción de la niña, su escondite para estar segura... ya sé que solo era una copia burda del silencio. La seguridad, la autoridad y la paz están adentro, mi tejado está adentro. El águila solar azul ha echado a volar a la salida del sol. El antiguo sistema de creencias sobre el que crecí, la cristalización de la acción-reacción (en mi caso: angustia/miedo - evasión/distracción) ha volado en mil pedazos. El frescor del silencio arrasa con todo lo viejo como una lava imparable, lenta y firme, dispuesta a inundarlo todo. Con ella llega el rojo amanecer de una nueva identidad más colectiva, simple, libre, genuina, de unidad, Real.

Este es el único sentido de la práctica meditativa de todos estos años: hacer del silencio mi casa. No lo son las experiencias logradas, el contacto extraordinario con otros estados de consciencia o dimensiones… eso, al fin y al cabo, también son distracciones. La duda iluminada sobre lo que creo que soy, pienso, siento, hago, digo, como, respiro, me ayudará a identificar la cualidad ilusoria de los restos que han quedado tras el naufragio hasta acabar con ellos. Porque el silencio trae la presencia y ella se encargará de ir integrando lo que he decidido ser en esta vida.

Y todo se alegra de
nuestro despertar
y toma su luz.
Porque la luz
no nos pertenece,
es de nuestros padres,
cielo y tierra, que viven
en nosotros y
se alimentan de ella.
Y así el mundo,
toma Su silencio
y se ilumina.

El sistema: susto-angustia ⟷ distracción-evasión,
es sustituido por
Nohacer-presencia ⟷ relajación-bienestar

Todo queda en casa (y esto es profundo, no es *Teo tontería*)

Ha llegado el momento de devolverle a la Tierra lo entregado, de devolverle al Padre su amor derramado. Hay que actuar.

21 DE DICIEMBRE.
CONJUNCIÓN JÚPITER - SATURNO EN ACUARIO

Ya no tengo más nombres
Solo soy movimiento
Solo oigo Su silencio.

EPÍLOGO

25 DE DICIEMBRE
ANTEQUERA. PEÑA DE LOS ENAMORADOS.

Hemos subido con dificultad a un recoveco elevado de la peña. Es un pequeño llano lleno de orquídeas salvajes que queda resguardado del viento por la majestuosa pared de rocas calizas que lo borda. Es la vertiente sur que mira a Málaga, al mar, a la tierra de los ancestros paternos. Esta tierra se siente sagrada, santa, bajo los pies. Nos descalzamos. He dispersado parte de las cenizas de mi padre. Después, bajo las piedras, he enterrado el pequeño resto que aún quedaba en mi mano. El ritual ha sido auspiciado por el viento porque él lo ha liberado, y por la tierra, porque ella lo ha devuelto a su simiente, a nuestra casa, ha grabado su memoria en el barro. El mismo padre nuestro cantado en arameo, de hace ahora nueve meses, se elevaba hacia las nubes… De repente, de izquierda a derecha, ha aparecido una bandada de varios centenares de cuervos. Nos han rodeado, casi podíamos tocarlos. Al mismo tiempo, otro numeroso grupo se ha acercado por nuestra espalda. Ha sido mágico. Recogieron el espíritu de mi padre, que se ha ido volando con ellos.

Hago unas fotografías. En ellas hay un reflejo de luz saliendo de las piedras bajo las que reposan sus cenizas, elevándose hacia el cielo. Esta noche he visto la cara de mi padre en el fuego. Estoy agradecida de estar viva. De haber tenido un padre como el mío. Todo ha sido perfecto. Todo es amor. Todo es Él.

Gracias.

ÍNDICE

La colada,
diario espiritual de una ama de casa
de Cruz Mañas Peñalver
compuesto con tipos Bodoni MT
bajo el cuidado de Daniel Vera,
se terminó de imprimir
el 14 de diciembre de 2021,
430 años después de que
San Juan de la Cruz
escuchara sus últimos maitines.

LAUS DEO